DU

DÉCOURAGEMENT

RÉFLEXIONS SUR LE TEMPS PRÉSENT

MÊME LIBRAIRIE

OUVRAGES DU MÊME AUTEUR

MÉMOIRES D'ANTOINE, 1 vol. in-12, 4e édition. . . . . . . 2 fr.

Ouvrage couronné par l'Académie Française.

DU SPIRITUALISME EN ÉCONOMIE POLITIQUE, 1 volume in-12, 2e édition. 3 fr. 50

Ouvrage couronné par l'Académie des sciences morales et politiques.

LA MORALE DE LA RICHESSE, 1 vol. in-12. . . . . 3 fr.

MÉMOIRES D'UN HOMME DU MONDE, 1 vol. in-12, 2e édition. 2 fr.

CONSEILS AUX PARENTS SUR L'ÉDUCATION DE LEURS ENFANTS 1 vol. in-12. . . . . 1 fr. 50

LE LENDEMAIN DU MARIAGE, 1 vol. in-12, 2e édit. . . . . 3 fr. 50

LE DANGER DE PLAIRE, 1 vol. in-12. . . . . 3 fr.

OUVRAGES DE M. L'ABBÉ RAMBAUD

LE SIÉGE DE METZ, journal d'un aumônier avec une préface de M. ANTONIN RONDELET, 1 vol. in-18 jésus. . . . . 2 fr.

MÉTHODE D'ENSEIGNEMENT RAISONNÉ, avec une lettre de N. S. Père le Pape Pie IX et l'approbation motivée de Mgr MERMILLOD, 1 vol. in-8. 6 fr.

LYON. — IMPRIMERIE PITRAT AINÉ, RUE GENTIL, 4.

DU

DÉCOURAGEMENT

EXIONS SUR LE TEMPS PRÉSENT

PAR

ANTONIN RONDELET

DEUXIÈME ÉDITION

LYON

P. N. JOSSERAND, LIBRAIRE-ÉDITEUR

3, PLACE BELLECOUR, 3

1871

DU

DÉCOURAGEMENT

RÉFLEXIONS SUR LE TEMPS PRÉSENT

CHAPITRE PREMIER

POURQUOI ET COMMENT IL FAUT RÉFLÉCHIR

I

Qu'il y a deux moments dans la vie des individus comme des peuples, le temps d'agir et le temps de réfléchir ; que ce second moment est arrivé pour nous.

Nous sommes arrivés maintenant à l'heure de la réflexion.

Notre esprit, comme on a pu le remarquer, éprouve, à propos des événements qu'il traverse, deux impressions bien différentes, lesquelles impressions s'appellent et se succèdent dans un ordre certain.

Au premier moment des crises, lorsque l'inconnu garde encore tout son mystère, l'imprévu tous ses hasards, l'espérance toute sa force, notre curiosité ne connaît pas de bornes et notre inquiétude n'admet pas de délai. Haletants, éperdus, nous interrogeons chaque heure, chaque minute, avec une anxiété inexprimable. Nous ne voulons rien perdre de ce qui se passe, et nous regardons volontiers comme un malheur d'ignorer le moindre détail des plus minces événements.

Il faut bien le reconnaître : ce premier mouvement de curiosité a quelque chose de singulièrement puéril et de singulièrement vain. Qu'importent en effet l'exactitude des informations et le détail des renseignements? Un esprit qui s'en tiendrait à ce commérage demeurerait à l'état d'enfance. L'intérêt qu'il y prend ressemble à celui que le premier âge peut porter aux contes de fées.

La véritable utilité des événements que nous pouvons apprendre, de cette histoire contemporaine à laquelle nous sommes si curieux d'assister, n'est point dans les accidents qu'elle nous raconte, mais dans les réflexions qu'elle a pour effet de nous suggérer.

Il arrive un moment où l'esprit le plus anxieux, le plus impatient de nouvelles, s'en trouve pour ainsi dire saturé. Ce même homme qui aurait fait cent lieues pour s'informer, pour savoir, pour apprendre, ne daigne même plus parcourir un journal. C'est à peine s'il prête une oreille languissante aux récits les mieux renseignés. A force de voir les événements suivre la même pente et les causes semblables amener, dans un ordre inévitable, des effets identiques et prévus, il finit par éprouver une indifférence profonde pour ces minces différences, ces accidents imperceptibles qui le captivaient autrefois. Il n'aperçoit que trop la direction inexorable de la ligne principale. Il n'a plus besoin de la suivre jusqu'au fond des abîmes où elle se dirige et disparaît.

A ce moment, notre pensée fait un retour sur elle-même : elle passe de la recherche curieuse et fébrile des faits à la contemplation et à la méditation de ces mêmes faits.

Rien n'arrive dans ce monde, pas plus dans la nature que dans les sociétés, rien qui ne porte avec soi son enseignement, sa leçon ; le visible rend témoignage de l'invisible, et l'univers tout entier se trouve ainsi parler un langage qu'à l'homme seul il est donné d'entendre.

Quand une goutte d'eau passe par-dessus les bords de la feuille où elle s'était arrondie, lorsqu'elle se détache de cette petite coupe inclinée et tombe sur la terre sous la forme allongée d'une perle ou d'une larme, il y a là réellement deux faits qui apparaissent séparément, l'un à l'esprit profond du penseur, l'autre au regard hébété du vulgaire.

Pour l'indifférent, pour le distrait, la goutte tombe et s'écrase sur le sol, à la façon de tant de centaines et de milliers de gouttes d'eau que répand la pluie d'un orage ou qu'emporte le torrent d'un fleuve. Il n'y a rien là qui puisse provoquer cet esprit sans pensée et arrêter ce regard sans attention.

Le penseur, le sâvant contemplent d'un autre œil ce phénomène si humble et si insignifiant en apparence. Ils voient, dans cet obscur mouvement, l'accomplissement solennel des grandes formules de l'attraction qui président à l'harmonie des sphères célestes. La loi des vitesses imprimées et des distances parcourues demeure ici la même qu'ailleurs. Cette étroite application a, pour un esprit vigoureux et capable de discerner l'infini dans une molécule, quelque chose de plus éclatant et de plus majestueux dans son humilité.

C'est ainsi que les faits du monde physique se prêtent à la réflexion, et invitent d'eux-mêmes l'homme à la science.

Seulement, la nature extérieure a beau nous toucher de près ; elle a beau nous envelopper de toutes parts et nous prendre par nos attaches sensibles, elle n'intéresse pas assez l'esprit humain et ne pénètre pas assez avant dans son véritable fond pour provoquer dans toutes les intelligences ce mouvement de curiosité et ce travail de recherche.

Il n'en va pas de même des faits du monde moral, et notamment des faits qui se passent au sein des sociétés.

Ceux-là, nous pouvons sans doute au début les prendre par leur côté extérieur, n'en goûter que la nouveauté, n'en discerner que l'éclat, n'en saisir que les transformations apparentes, mais il ne dépend de personne d'en rester là. C'est une apathie qui échappe même à l'esprit le plus indifférent.

En effet, les événements de l'ordre social ne sont point semblables aux événements de la nature physique, lesquels ne parviennent à nous intéresser que par contre-coup et d'une façon purement accidentelle.

La société au sein de laquelle nous nous développons tient à nous, surtout dans les temps modernes, par des liens si étroits et si vifs que nous ne saurions, par aucune opération de la pensée et par aucun effort d'égoïsme, nous en abstraire effectivement. Il ne s'y passe rien dont nous ne soyons soudain avertis par la souffrance, par le malaise, ou au contraire par une sorte de satisfaction et d'épanouissement. C'est ainsi que l'atmosphère où nous sommes plongés ne saurait s'épaissir ou se dilater, devenir plus pure ou moins saine, sans que notre respiration et notre tempérament se règlent sur ces vicissitudes.

Il en va de même pour l'ordre moral des sociétés.

Ici, nous ne pouvons plus, malgré notre indifférence en matière politique, regarder la goutte d'eau qui tombe sans nous inquiéter de l'attraction qui la ramasse ni de la pesanteur qui la précipite. La goutte d'eau ici, quel que soit l'événement social qu'il nous plaise d'envisager, c'est notre destinée elle-même. Les mêmes causes par lesquelles cet événement s'explique, les lointaines origines dont il relève, les conséquences dont il nous menace, sont les causes dont dépend et les effets auxquels se heurte notre propre vie.

Voilà pourquoi il n'est point d'homme, quelque borné et apathique qu'on le suppose, il n'est point d'être intelligent et moral, de créature libre et raisonnable, qui n'ait, plus tôt ou plus tard, son moment et son jour de réflexion.

Tandis que cette réflexion et cette intelligence viennent de bonne heure aux âmes méditatives et intérieures, averties d'un mot et éveillées par un symptôme, l'homme médiocre, l'homme ordinaire, a besoin que la réalité frappe sur lui des coups puissants et réitérés pour qu'il s'avise enfin d'y prendre garde, avant qu'il sache devenir le spectateur des événements qu'il accomplit, avant qu'il se détache par la pensée des réalités où il est engagé par l'action.

Toutefois, il a beau résister et s'étourdir à dessein, il a beau prolonger par une inquiétude factice la curiosité naturelle qui l'avait d'abord emporté, il est bien obligé d'en finir par là et de se recueillir malgré qu'il en ait. Après avoir ouï, répété, commenté tant de bruits, de récits, de rumeurs, il est bien obligé, même à son corps défendant, de s'arrêter un jour pour se demander d'où il vient, où il va, quelle est en définitive pour lui-même, pour la prospérité de sa fortune, la tranquillité de sa vie, la sécurité de son avenir, la leçon suprême des événements.

Lorsqu'une intelligence en est arrivée là, on peut

dire qu'elle est parvenue à son terme. Alors, mais seulement alors, elle a achevé son éducation première. A ce moment là seulement, commencent pour elle les leçons de l'expérience. Auparavant, la mémoire pouvait bien entasser des souvenirs, l'esprit n'était pas encore capable d'en tirer ces enseignements qui font la prudence et la sagesse des hommes.

Chaque individu voit ainsi s'accomplir au-dedans de lui une révolution semblable à celle qui marque le progrès successif des différents âges de la civilisation.

L'humanité, comme le plus humble d'entre nous, débute par la spontanéité naïve et curieuse de l'enfance; il faut de longs siècles et de longs efforts pour que la critique et la réflexion apprennent aux peuples le recueillement et le retour sur eux-mêmes.

Le cœur de l'homme est ainsi fait qu'il a plus à gagner de la mauvaise fortune que de la bonne. On dirait que, par un dédommagement divin et par une compensation providentielle, il retrouve en supériorité intérieure et personnelle tout ce qu'il lui a fallu accepter et subir de sacrifices au dehors. La prospérité et la joie sont emportées; elles prodiguent et dissipent nos facultés, à ce point que l'ivresse d'en jouir prévient la pensée de les soumettre et nous ôte jusqu'au sentiment de les posséder.

L'adversité, au contraire, est éminemment propre à ramasser et à concentrer les puissances de l'homme.

Il n'est pas dans la nature de notre orgueil, ou pour mieux dire, il n'est pas dans la conscience de notre dignité, d'être vaincus sans lutte et de succomber sans espoir de revanche. Le malheur rend l'esprit ingénieux. Tandis qu'on se repaît de la prospérité sans lui demander ses origines, nous ne manquons point, dans notre chute, de chercher la main qui nous a porté le coup.

Une fois que nous sommes engagés dans la voie féconde des méditations, nous ne tardons pas à avoir, sur le monde et sur ce qui s'y passe, des vues plus justes et plus sérieuses. Nous cessons de plus en plus d'expliquer par le dehors et par les rencontres fortuites des accidents les transformations de notre destinée. Tout ce qui se passe dans les sociétés n'a, en dernière analyse, qu'une cause vraiment première et vraiment agissante, c'est le moral de l'homme. En dehors de cette âme où se poursuit le drame de notre destinée, toutes ces causes extérieures, dont le vulgaire fait grand bruit, ne sont en définitive que des effets.

Il faut cesser de regarder les batailles comme *le jeu sanglant de la force et du hasard*, suivant une expression célèbre. Qui refuserait d'y reconnaître, dans l'antiquité l'expression du courage moral, dans les temps modernes le résultat combiné de la science et du capital? L'économie qui amasse la richesse, le travail qui la crée, l'instruction qui éclaire et féconde le travail sont les phénomènes de l'ordre moral sur lesquels se règle infailliblement le destin prétendu aveugle des combats.

De même, lorsqu'une nation est assaillie d'un désastre, quelles que puissent être d'ailleurs les causes réelles et primordiales de la catastrophe, l'effet social que cette catastrophe produit se mesure, non pas au malheur purement matériel qu'elle entraîne mais à la façon dont elle est supportée. Un malheur qui semble irréparable aux âmes faibles le devient en effet par leur lâcheté, de la même façon que la résistance et l'espoir suffisent pour amortir et relever les dernières chutes.

Toutes ces vérités, cachées à la plupart des hommes tant qu'ils se laissent aller au flot de leur irréflexion et à l'emportement de leur légèreté, finissent par leur apparaître de plus en plus à mesure qu'ils se recueillent et qu'ils se possèdent davantage.

Ceux qui en sont là entrent dans ce que je nommerais volontiers leur *seconde manière*. Ils inaugurent ce que le grand poëte italien aurait appelé leur *vie nouvelle*.

L'intérêt de leur existence se déplace. Les pôles de leur propre pensée se trouvent intervertis.

Tandis qu'auparavant ils accordaient peu de temps et peu d'importance à tout ce qui n'était point palpable, plongés comme ils l'étaient dans le courant incessant des événements quotidiens, tandis qu'ils allaient sans cesse d'un fait à un autre fait, sous l'empire brutal de la réalité, résignés à accepter sans prévoir et à suivre sans résister, voici que, depuis leur nouvelle habitude de réfléchir et de prendre possession des événements par leur pensée, ils se trouvent tout d'un coup placés en dehors et au-dessus de ces événements. Leurs préoccupations ne se règlent plus sur les faits divers de la gazette; ils n'attendent plus d'avoir ouvert la feuille du jour pour y apprendre d'un hasard inintelligent s'ils doivent en effet se réjouir ou s'affliger, mais, dans la sphère supérieure où leur intelligence s'est introduite, la rencontre du jour, la nouvelle proprement dite, bonne ou mauvaise, heureuse ou malheureuse, n'est plus qu'un pur accident. Le mouvement de leur pensée s'accomplit maintenant tout à fait en dehors de ces impulsions quotidiennes. Les causes ne sont pas là. Elles sont dans l'ordre moral où il ne se trouve plus de place pour le hasard. Elles sont dans le cœur de l'homme, dans l'abaissement ou l'héroïsme de son caractère, le vide ou le dépeuplement de son intelligence, la délicatesse de son âme ou la dépravation de ses instincts.

Ce mouvement de la pensée, ce retour qui nous ramène par les habitudes de la méditation, du monde extérieur où nous ne pouvons rien ou presque rien, jusqu'au monde intérieur où nous pouvons tout ou presque tout, est fait pour nous rendre le courage. Si notre destinée, en effet, est engagée dans ce mécanisme et ce tourbillon du dehors jusqu'à en dépendre, comme se l'imagine l'ignorance des simples ou le découragement des lâches, il ne nous reste le plus souvent qu'à nous voiler la tête, comme César, du pan de notre manteau et à laisser faire au poignard des assassins. Si au contraire, le dernier mot de notre existence individuelle et sociale est bien décidément dans les vertus que nous aurons voulu pratiquer et dans les idées que nous aurons su conquérir, notre destinée se mesure à notre effort et non plus à notre fortune.

II

Qu'il y a deux ordres de réflexion à faire sur les événements de ce monde, les réflexions politiques et les réflexions morales ; qu'on se propose ici les secondes et non les premières.

Au moment où nous prenons possession de nous-mêmes par la réflexion, nous avons encore devant nous deux ordres de causes. Nous pouvons attacher notre esprit soit à la politique, soit à la morale.

Il y a dans l'homme deux hommes, même à le prendre en dehors de son corps et de ses organes.

Il y a le citoyen d'une patrie, rattaché comme tel à la fortune d'un peuple, relevant dans ses actes de la loi qu'il a consentie, du pouvoir qu'il reconnaît, de la nationalité qu'il avoue.

Il y a ensuite l'homme intérieur, cette âme immortelle qui n'appartient par sa nature intime à aucun lieu ni à aucun pays. On peut avoir le cœur français, et on le dit ainsi communément, pour exprimer, comme il est juste, la pente de notre cœur et notre attachement à l'amour de la patrie, mais on dit aussi, avec non moins de justesse et de vérité, l'*âme humaine*, pour exprimer que, dans son dernier fond, notre nature, faite à l'image de Dieu, est éminemment cosmopolite, en dehors par conséquent des distinctions qui se tirent de ce monde où elle ne fait que passer.

De ce que nous venons de dire, il résulte qu'il y a, au point de vue de la réflexion et dans le domaine supérieur des causes véritables, deux ordres de faits. placés les uns plus en dehors, les autres plus en dedans, les uns dans le domaine du citoyen pour attester et régler ses rapports politiques, les autres dans la sphère réservée de l'homme intérieur pour exprimer ses devoirs moraux.

A ce point de nos réflexions, nous nous trouvons en face d'un préjugé dont il convient de faire connaître tout à la fois les prétentions et le néant.

Les politiques s'imaginent volontiers que la grandeur et la décadence des nations, les catastrophes qu'elles ont à subir, les progrès par lesquels elles se relèvent, les triomphes au moyen desquels elles s'attestent, ont leur dernière raison d'être dans les formes sociales par lesquelles il a été pourvu à l'organisation du pouvoir.

Ils se persuadent aisément que tout ce qui arrive dans une société s'explique par la nature de son gouvernement, de telle sorte qu'un changement dans la forme politique aurait suffi à leurs yeux pour métamorphoser le monde et pour en retourner l'aspect.

Cette doctrine ressemble encore à celle dont nous parlions plus haut, et qui explique les destinées des peuples par l'enchaînement fortuit et la rencontre incessante des hasards.

De même que le vulgaire voit la cause d'une révolution dans un coup de pistolet, d'un changement de règne dans une porte mal à propos ouverte ou fermée, les publicistes qui se croient philosophes voient, dans une constitution, républicaine ou monarchique, une cause générale et permanente ou de désastres sans fin, ou de prospérités et de grandeurs sans mesure.

Il ne faut pas faire tant d'honneur à ces organisations. Il y a bien longtemps qu'Aristote a osé écrire cette parole profonde, plus exploitée que comprise : « Peu importe la forme du gouvernement ; tout est dans la façon dont cette forme est pratiquée. »

Je dirai de même, dans un langage plus moderne et partant plus clair : « La question des rapports politiques entre les citoyens et de l'organisation de ces rapports dans l'unité d'un même État n'est point la question dominante parce qu'elle n'est point la cause essentielle. »

La grandeur ou l'abaissement d'un peuple n'a point sa raison dernière dans le fait de vivre sous l'empire de telle constitution ou de tel gouvernement plutôt que de tel autre.

Les peuples vivent de leurs vertus et meurent de leurs fautes.

Ne cherchez pas, dans une nation, à expliquer ce qu'elle a souffert de désastres ou accompli de prodiges, uniquement dans l'aliénation ou le respect de ses droits politiques. Ces droits eux-mêmes, dans leur exercice extérieur, n'ont d'effet, de valeur et de réalité que dans la mesure où les devoirs qui les fondent et les appuient sont compris et pratiqués par chacun des individus.

La grandeur non plus que la sécurité des peuples, l'influence qu'ils exercent, l'autorité et la puissance qu'ils s'assurent dans le conseil des nations, la paix dont ils jouissent, le calme qu'ils procurent à leurs enfants, ne se mesurent en aucune façon à la perfection plus ou moins grande des formes politiques dont ils ont emprunté le secours et assuré le maintien.

Dans un autre ordre d'idées et de faits, ce qu'on appelle la sécurité publique, le respect des personnes et des propriétés ne tient en aucune façon, comme l'osent croire les matérialistes de la civilisation, ni à la présence du gendarme, ni à la terreur des tribunaux, ni à la menace de la prison.

L'ordre ne règne point dans le maintien du tien et du mien par de si minces raisons et par des causes aussi radicalement impuissantes.

Si une société en venait à ce point de démoralisation que l'emploi extérieur de la force dût tenir lieu à chaque citoyen de sa conscience, si, dans l'ignorance ou le mépris universel du devoir, il fallait lui donner pour garantie, non plus le sentiment interne de nos obligations, mais l'appui visible et permanent d'un agent de police, il n'y aurait plus lieu de s'attendre à aucune morale ni à aucun respect des droits.

Pourquoi le gendarme et le magistrat sont-ils tout-puissants contre le malfaiteur qu'on arrête et qu'on juge? Pourquoi la prison suffit-elle au nombre des délinquants, et le surveillant isolé au bon ordre de la masse? C'est parce que l'immense majorité des citoyens n'a pas besoin de cette terreur ni de cette répression, c'est parce que l'homme qui représente la loi et qui est chargé à ce titre de la faire respecter, loin d'avoir à lutter contre le grand nombre, trouve au contraire dans les âmes un appui universel, un accord et un consentement parfaits. Tandis que sa charge l'appelle à interdire et à venger certaines actions comme attentatoires aux droits d'autrui, il rencontre dans tous les cœurs une disposition préconçue à lui donner raison, dans toutes les volontés la ferme résolution de ne point s'écarter de ce même respect.

Voilà la vraie force des lois, voilà la vraie raison de l'ordre au point de vue civil. Le gendarme n'est, en aucune manière, l'appui de la loi ni la garantie de son exécution. Ce ne sont ni les tribunaux ni les prisons qui maintiennent la paix publique. C'est la conscience de chaque citoyen qui fonde l'autorité, appelle la répression, et rend le coupable impuissant, tout à la fois par la réprobation dont on l'accable et par l'isolement où on le laisse.

L'ordre politique et la prospérité sociale des nations ne suivent point d'autres lois. Il ne faut pas plus les rapporter comme un effet exclusif et inévitable à l'usage de telle ou telle forme politique, qu'il ne faut expliquer le maintien de la propriété par l'institution du geôlier et du gendarme.

L'ordre politique des nations dépend, aussi bien que la paix publique et l'ordre purement civil, des vertus qu'un peuple pratique et de la valeur morale des individus.

Le gouvernement n'est pas la cause efficiente de la paix, de la tranquillité, du travail, pas plus que le gardien des rues n'est à lui seul la raison suffisante du respect des propriétés et des magasins.

Les fonctions auxquelles un peuple est appelé, fonctions d'où dépendent les progrès de la civilisation et les bienfaits de l'ordre, s'accomplissent, non pas en raison du perfectionnement des pouvoirs politiques, mais dans la mesure où chacun de nous est capable de comprendre et d'accomplir son devoir.

Il faut donc renoncer au préjugé des publicistes et des hommes d'État qui imaginent de régénérer les peuples par le perfectionnement des constitutions, semblables en ceci à un philosophe qui rêverait d'augmenter le nombre des saints et des héros par l'amélioration des codes.

Le progrès, la tranquillité, la grandeur, le développement de nos forces et de nos prospérités ne s'acquièrent pas à un prix aussi vil et à des conditions aussi aisées.

Il est plus facile qu'on ne pense de disserter à la façon des savants sur le meilleur mode de gouvernement, et d'imaginer de savants systèmes de contrepoids pour équilibrer entre eux l'ordre et la liberté.

Lorsque ces systèmes périssent à l'application et lorsque le mécontentement public s'en prend aux auteurs qui les ont imaginés, il y a là une méprise.

Ce qu'il aurait fallu pouvoir nous donner, le jour où la forme constitutionnelle de l'État a ainsi été remaniée, c'est, non pas un combinaison supérieure de ressorts et de rouages, mais plus de vertus, plus de force, plus de respect, plus de ces qualités intérieures qui font les peuples gouvernables et civilisés.

C'est ainsi, pour le dire encore une fois, qu'on ne diminue pas le nombre des délits en augmentant le nombre des agents destinés à les réprimer, mais en multipliant par l'instruction et la moralité le nombre des citoyens qui n'ont pas besoin de Cour d'assises ni de cachots.

III

Où l'on applique au temps où nous vivons la distinction qu'on vient de faire, et dans lequel on marque le dessein particulier de cette étude.

Nous vivons dans un temps auquel s'appliquent d'elles-mêmes les réflexions qui précèdent.

Effectivement, je n'ai rien dit jusqu'ici qui ne me soit venu à la pensée en présence de ce qui se passe autour de nous.

Les hommes parmi lesquels nous vivons maintenant peuvent se ranger en trois catégories : je les appellerai, pour les reconnaître, les matérialistes, les politiques, les moralistes de notre civilisation actuelle.

Les matérialistes du temps présent, je parle bien entendu de l'ordre politique et social, les matérialistes de l'histoire contemporaine, ce sont ces masses aveugles et affolées qui ne veulent rien entendre, rien savoir, rien écouter.

Elles ressemblent, dans leur emportement naïf et dans leur résistance brutale, à ce lutteur de Thrace dont parle Démosthènes. Immobile et inerte en même temps qu'écumant et furieux, il se présentait à l'assaut, confiant dans sa masse et ignorant jusqu'aux lois les plus élémentaires de l'escrime. Il attendait l'une après l'autre les attaques de son adversaire, portant successivement la main aux endroits où son ennemi l'avait atteint, sans avoir l'adresse de parer ou même de prévenir les coups.

Voilà l'image que nous ont présentée, durant nos dernières calamités, la plupart des hommes avec lesquels il nous a bien fallu nous trouver en contact, gens orgueilleux et criards, cymbales retentissantes lorsqu'ils se sentaient frappés, ajoutant aux malheurs dont ils avaient à souffrir une surprise perpétuelle et un indicible ahurissement de ne point les avoir devinés. C'est cette race d'hommes, tour à tour hésitante et incertaine quand il faut prévoir et s'arrêter à un parti, emportée lorsqu'il vaut mieux attendre, obstinée et violente lorsque l'heure est venue de céder, ce sont ces masses inférieures qui prennent des effets pour des causes, des réactions pour des remèdes, des accidents pour des lois, des caprices pour des résolutions et des entraînements pour des conseils.

A ces hommes-là, ne demandez-point de dépasser l'horizon vulgaire des vues courtes et réduites, suivant l'heureuse expression du peuple, à ce qu'elles peuvent toucher de leur nez. Eux aussi, lorsqu'un événement s'est produit et qu'ils en ressentent la flagellation, ils se rendent en murmurant, incapables hier de souffrir qu'on leur en parle avant le moment où il a éclaté, incapables aujourd'hui de tolérer que devant eux on en recherche la cause ou qu'on en prévoie la conséquence.

Ces gens-là sont les grands troupeaux de l'humanité, faits pour se mouvoir à la queue leu-leu, sans avoir, pour passer du repos au mouvement ou du mouvement au repos, d'autre raison que l'émotion ou la tranquillité dans laquelle le hasard des faits les jette ou les abandonne.

Ceux-là sont de l'espèce impitoyable des discoureurs à vide, des discoureurs du lendemain. Ce sont les lutteurs qui portent la main au coup reçu, et comme le médecin de Molière, se réunissent en consultation à leurs confrères du même acabit, pour aller voir un malade défunt et examiner le lendemain ce qu'il aurait fallu faire la veille pour le guérir.

C'est en effet un des signes auxquels on reconnaît ces parleurs du dernier étage, qu'ils s'acharnent et s'épuisent toujours sur les faits accomplis, sans vouloir jamais admettre que la pensée se détache de ce passé sans remède et sans espoir, pour se reporter avec plus d'efficacité et d'énergie sur la perspective féconde des hypothèses à venir, faites pour être prévenues et jusqu'à un certain point dominées.

Il n'est pas facile d'en finir avec les gens dont nous parlons. Ce sont eux qui, à chaque événement nouveau, poussent jusqu'au ciel ces clameurs immenses dans lesquelles des voix plus raisonnables sont journellement étouffées. Ce sont les comparses qui détonnent et qui, à un moment donné, empêchent d'entendre le chef du chœur. C'est la foule aveugle, inexpérimentée, et cependant toute-puissante par le nombre, qui, passagère sur un vaisseau, jette des cris horribles à chaque incident de la traversée, à chaque crise de la tempête, au point que le capitaine et les matelots en perdent la faculté de s'entendre et la liberté de manœuvrer.

J'arrive à la seconde classe des hommes de notre temps, considérés au point de vue du jugement qu'ils portent sur ce qui se passe. Après les matérialistes, j'ai distingué ceux que j'ai appelés les *politiques*.

La classe des politiques a toujours été nombreuse dans la nation française où chacun se pique de raisonnement et, grâce à la facilité naturelle de notre parole, ne s'en acquitte pas trop mal. César qui s'y connaissait en avait été frappé déjà, au temps reculé de la conquête des Gaules; mais il ne suffit point de parler, il est entendu encore qu'il faut savoir ce que l'on dit.

Les politiques ont tous la même prétention, prétention singulière et non sujette à vérification. S'il leur avait été donné de mettre la main sur la conduite des affaires, ils auraient fait mouvoir autrement les pièces de l'échiquier, et, toujours d'après leur dire, ils auraient infailliblement gagné la partie au lieu de la perdre.

Les politiques ne voient, dans les événements humains, qu'une succession où chaque fait a sa cause et sa raison d'être dans le fait précédent. Toute la science du gouvernement et de la civilisation consiste pour eux dans une disposition suffisamment habile des décisions et des mouvements. Les hommes et les accidents sont à leurs yeux comme des unités et des chiffres qu'un groupement scientifique réunit ou sépare, divise ou multiplie, de façon à donner, au moyen d'équations dûment posées et résolues, les résultats prévus et cherchés.

En dépit de toutes leurs lumières qu'ils n'estiment pas médiocres, ces doctes ne parviennent pas à discerner le point essentiel.

Il ne suffit pas, pour changer le cours des événements humains et reprendre, comme ils en ont la prétention, une société tout entière par sa base, il ne suffit point d'opérer une simple transposition dans l'arrangement des faits. Ce n'est point parce que la guerre aura été déclarée ou plus tard ou plus tôt, qu'un peuple est foncièrement ou supérieur ou inférieur à un autre peuple. Ce n'est point parce qu'un homme aura été écarté ou admis à tel jour et à telle heure, que la valeur intrinsèque de la nation aura changé. C'est confondre avec les circonstances qui peuvent hâter ou ralentir les événements les causes réelles qui les produisent.

Lorsqu'un arc est tendu, le départ de la flèche n'est pas dû au passage de la souris dont le petit corps a heurté par mégarde l'arrêt de l'arbalète. La force qui lance le trait et qui frappe de mort celui qui se trouve au devant de l'arme est dans la tension même de cette corde nerveuse, tension que la main d'abord, et avant la main, la volonté de l'homme a produite.

Les politiques, lorsqu'ils se résignent à prendre les hommes tels qu'ils sont et les choses telles qu'elles surviennent, commettent une grande faute de logique. Sans y prendre garde, ils rabaissent singulièrement le rôle de leur science et la portée de leur action, en les réduisant à ces minces calculs.

Il n'est pas facile d'aboutir à grand'chose, lorsqu'on s'en tient aux éléments que fournit la réalité. Cette exploitation de l'homme par l'homme, malgré toute la puissance des combinaisons auxquelles les habiles se consacrent, ne conduit guère qu'à retarder les explosions sans les prévenir, ou qu'à ralentir les chutes sans les empêcher. En somme, cette action prétendue sur la conduite des événements se réduit à précipiter ou à retenir la marche inexorable des choses, à introduire quelque modification dans la résultante générale des forces, mais elle n'aboutit pas à rien changer de ce qui fait le fond de la vie dans la destinée d'un peuple.

L'honneur, comme l'effort de cette entreprise, est exclusivement destiné à ceux que j'ai appelés les *moralistes*.

A eux il appartient de ne point courber la tête sous les atteintes brutales du fait accompli, et de ne point conduire la civilisation par les artifices du calcul ou les ressources de la surprise.

Leur rôle est simple et leur prétention aussi.

Ils estiment que toute chute et tout abaissement viennent de la chute et de l'abaissement intérieur. Si un peuple, si une nation pris dans leur ensemble, périclitent sans pouvoir se retenir ou tombent sans pouvoir se relever, c'est, à leur sens, parce que dans ce pays, le nombre des chutes et des dégradations individuelles a préparé et entraîné de longue main le fatal dénouement de l'agonie nationale.

Voilà pourquoi les moralistes estiment que le côté le plus curieux de l'histoire n'est pas, comme les écrivains de profession sont parvenus à nous le persuader, la série des faits incidents dont ils se piquent de faire mieux que personne la vérification et le récit, mais dans ce qu'un philosophe appellerait volontiers la psychologie intime des âmes, dans l'appréciation morale des caractères, dans ce discernement tout intérieur de leur valeur morale. On ne doit rien attendre en effet de l'homme ni du citoyen qu'en raison de ses vices ou de ses vertus.

Nous sommes ainsi arrivés à concevoir ce qui peut le plus nous intéresser à l'heure présente, ce qu'on entend proposer ici aux réflexions du lecteur, dans les pages qui vont suivre.

Les matérialistes de la civilisation, ceux qui se

laissent aller au tourbillon de la réalité et vivent leur vie au jour le jour, ont leur littérature toute faite dans les feuilles quotidiennes, les communications des agences télégraphiques, les rumeurs des conversations, les récits palpitants des soldats ou des voyageurs [1].

Les politiques, tous ceux qui regardent les choses humaines comme faites pour être non pas changées mais conduites, non pas comme à réformer dans nos âmes mais simplement comme à reprendre dans nos calculs, peuvent aller en consultation auprès des faiseurs de brochures. Nous ne manquons point, en ce genre, de dissertations et de conseils. Le malheur est qu'il ne leur vienne point à l'esprit de chercher dans le cœur même des hommes, plutôt que dans leurs lois

[1] Ce besoin des informations, cette course haletante après l'inconnu, cette nostalgie des *nouvelles à la main*, n'est pas d'aujourd'hui. César en parle dans sa *Guerre des Gaules*, Carlyle a été frappé de ce passage, et il l'a rapporté dans son deuxième volume de l'*Histoire de la Révolution française*. J'emprunte la citation à l'excellente traduction de MM. Elias Regnault et Jules Roche.

« C'est une habitude chez eux, dit-il, d'arrêter les voyageurs, même par force, et de s'informer de ce que chacun d'eux peut avoir entendu ou vu sur n'importe quel sujet; dans les villes, le commun peuple obsède le négociant de passage et lui demande de quelles régions il arrive et ce qu'il y a appris. Sur la foi de ces mesures et de ces ouï-dire, ils décident des questions les plus importantes; nécessairement, ils se repentent le moment d'après d'avoir ajouté foi à ces bruits incertains, beaucoup de voyageurs ne leur répondant que par des fables pour leur faire plaisir et pour s'en débarrasser. »

ou leurs actions, le mobile de leur conduite, et par conséquent le levier sur lequel il faut agir.

On parle sans cesse des symptômes qui se manifestent chez une nation. On la voit tour à tour découragée jusqu'au désespoir ou confiante jusqu'à la folie, résignée jusqu'à la lâcheté ou impatiente jusqu'à la fureur. Qu'est-ce donc cependant, je vous prie, qu'une nation considérée dans son ensemble, au sens où vous l'entendez vous-mêmes, si ce n'est une abstraction véritable, une collection factice dans sa totalité, rassemblée par un acte de notre pensée et substituée à la réalité véritable qui est en définitive celle de chacun des individus dont elle se trouve composée.

Il en résulte que, pour m'intéresser et m'initier au dernier fond des choses, il ne suffit pas de me montrer dans leurs effets et leurs causes les vices et les vertus de cette nation. Le véritable enseignement est dans la connaissance de l'individu. Si cette nation est lâche ou découragée, c'est que la fermeté et la vaillance ont disparu du plus grand nombre des cœurs. Vous ne pourrez rien me dire qui me touche et qui m'intéresse plus, que de m'apprendre par quelles secrètes évolutions cette métamorphose silencieuse s'est opérée dans les âmes. Comment est-il arrivé, alors qu'elles paraissaient demeurer semblables à elles-mêmes, comment a-t-il pu se faire qu'avec leur même aspect extérieur elles aient été ainsi converties au pire? L'histoire d'une nation est impuissante à expliquer même une seule âme, et l'histoire d'une seule âme suffit souvent à expliquer l'histoire de toute une nation.

Nous laissons donc de côté, non sans un soulagement véritable, le lamentable récit de nos désastres contemporains, récit lamentable moins encore par les misères dont nous avons souffert que par les fautes dont nous nous sentons responsables. Le malheur dont on se plaint tant est, sans qu'on s'en doute, ce que l'homme supporterait peut-être le plus aisément, s'il ne s'y mêlait pas de remords.

Je voudrais regarder dans les âmes, afin de démêler ce qui leur manque en force, en courage, en croyances.

Mon but n'est pas de faire leur procès à notre ignorance et à notre lâcheté, et de changer ainsi mes études en reproches.

Il s'agit simplement d'y voir plus clair dans les choses de notre temps.

Carlyle disait dans son *Histoire de la Révolution française* qu'on peut pardonner même au méchant et au malintentionné, mais qu'une seule espèce d'hommes était vraiment inexcusable à toutes les époques de l'histoire, le *charlatan*, pour lequel on n'aurait jamais ni assez de mépris ni assez de colères.

Je tiens, par analogie, que, dans ce monde, on peut pardonner toutes les erreurs comme il est possible d'excuser toutes les fautes, à une condition toutefois, c'est qu'on ne se laissera pas prendre pour dupe, et qu'on saura se maintenir dans la vérité. Vous pouvez bien me demander tous les sacrifices, et, dans l'intérêt de votre politique, les abandons les plus déraisonnables ; vous pouvez obtenir de moi, de ma terreur et de ma faiblesse, jusqu'à une démarche compromettante et jusqu'à un acte coupable ; mais n'espérez pas joindre mon aveuglement à ma honte, et me faire trouver bon ce que vous exigez ainsi.

Les peuples doivent, comme les individus, réserver soigneusement les droits imprescriptibles de leur intelligence, et ne point se laisser tromper en même temps qus séduire ou tyranniser. Prenez-moi, si vous avez pour vous votre force ou ma lâcheté, ma libèrté et ma fortune, mais n'essayez point, par surcroît, de me prouver, au risque de pousser à bout ma confusion, que vous agissez ainsi dans mon intérêt et seulement dans le but de m'être utile ou agréable.

Nous sommes, à l'heure présente, inférieurs en bien des choses, non pas seulement aux adversaires qui nous défont, mais aux ancêtres qui nous ont élevés.

Cette infériorité domestique, si je puis ainsi parler, m'est plus pénible et plus cruelle encore que notre humiliation nationale.

Qu'un peuple succombe dans sa lutte contre l'étranger, il lui reste à alléguer, pour colorer sa défaite, les surprises d'une guerre mal préparée, l'impuissance d'un gouvernement inepte, la trahison des hommes ou des partis, enfin, et par-dessus tout, les hasards de la fortune, dans ce choc des civilisations.

Au contraire, si tournant nos regards en nous-mêmes et sur le fond de notre caractère national, nous avons à y constater de l'affaiblissement et des lacunes, si nous n'avons plus pour nous l'activité, la fermeté, la persistance, la culture élevée et délicate de nos pères, il faut reconnaître que nous nous mettons en travers du progrès et que nous sommes devenus un obstacle pour l'avenir ; il faut devenir meilleurs ou tomber.

On ne prendra ici qu'un côté de cet examen de conscience national.

On se tiendra le plus en dehors qu'il est possible de toute politique et de toute allusion irritante et inutile.

Les faits ressemblent à ce projectile banal qui va d'un camp à l'autre, que l'adversaire ramasse pour le mettre dans la gueule de son propre canon et le renvoyer ainsi à l'assaillant.

Au contraire, le caractère demeure avec nous. Il importe peu qu'il éclate ou se dissimule, qu'il rencontre plus d'opposition ou plus de faveur dans ses actes du dehors, il n'en demeure pas moins au-dedans de nous une cause morale perpétuellement agissante, et déterminant, dans un sens ou dans l'autre, la série de nos résolutions ou la pente de notre conduite.

CHAPITRE DEUXIÈME

QUE LE DÉCOURAGEMENT FAIT AUJOURD'HUI LE FOND DU CARACTÈRE FRANÇAIS

En France, nous avons fait comme beaucoup de gens, nous avons changé de caractère.

Nous avons perdu au plus haut degré, cet esprit d'audace et d'entreprise qui nous avait rendus tout à la fois célèbres et redoutables dans le monde entier.

A cette initiative puissante a succédé dans les âmes une disposition marquée à l'inertie et à la langueur.

C'est à ce point que nous en sommes.

Cette nuance particulière d'affaissement et d'inertie porte dans la langue un nom qui lui est propre : on l'appelle *le découragement*.

Le découragement n'est point la paresse ni la âcheté ; il ne faut point le confondre avec la sottise, l'impuissance ou la faiblesse.

Le découragement, comme l'étymologie l'indique, est une simple défaillance du courage, non pas lorsqu'il est tenu de résister mais lorsqu'il est appelé à entreprendre.

Cette défaillance qui paraît, en tant d'occasions et surtout à l'heure présente, si excusable et si naturelle, n'en est pas moins comme une blessure ouverte à notre flanc, par laquelle s'échapperait notre sang et notre force.

Ce découragement est intéressant à étudier dans notre cœur où il se justifie par tant de sophismes, dans notre pays où il s'atteste par tant de désastres.

I

Qu'il y a deux sortes d'espérances, l'espérance d'imagination et l'espérance de courage, et de la différence qu'il faut mettre entre elles.

Le caractère français a passé visiblement de l'audace qui entreprend au découragement qui s'abandonne.

Mais il n'a point pour cela perdu la présomption. Rien ne s'allie mieux au découragement que les complaisances de l'illusion ou les emportements de la témérité. L'habitude d'espérer sans raison et de s'aventurer sans motif nous fait bien vite renoncer à toute préparation, et nous ôte pour ainsi dire toute conscience de nos actes. Nous attendons tout du hasard et rien de nous-mêmes.

Expliquons plus en détail ce mélange bizarre et contradictoire en apparence du découragement et de l'espoir.

Il y a deux sortes d'espérances en ce monde.

Je les appellerai, pour les distinguer l'une de l'autre, l'espérance de courage et l'espérance d'imagination.

Je commence par cette dernière.

Aussi bien, je ne connais rien de plus dangereux et de plus compromettant pour la virilité du caractère que l'espérance d'imagination.

Le poëte Lamartine raconte quelque part, dans ses souvenirs de jeunesse, l'horreur qu'il éprouvait pour le collége où il était conduit chaque matin. Il abandonnait ainsi, au premier lever du soleil, le doux nid de la maison paternelle. Il lui fallait se rendre, à travers les rues de la petite ville, jusqu'à cette classe sombre et morose qui devait le tenir enfermé jusqu'au soir. Il lui semblait toujours, dit-il, avec ses instincts de rêverie qui ne l'ont jamais abandonné, il lui semblait que le collége avait dû brûler pendant la nuit, et qu'au détour de la grande place, il allait apercevoir vide le champ où il était bâti.

Cette espérance naïve de l'enfant rebelle représente, au plus haut degré, ce que j'appelle l'espérance d'imagination, espérance qui est un des traits distinctifs de notre caractère et l'une des causes les plus actives de notre infériorité.

Quelle était la probabilité de voir brûler ainsi chaque nuit le malheureux collége communal, sur le désir fantaisiste de l'écolier poëte ? Surtout, comment pouvait-il, avec quelque raison et quelque bon sens, s'attendre à trouver au détour de son chemin le bâtiment disparu, lorsque, durant la nuit, le silence de l'étroite cité n'avait été troublé par aucun bruit d'alarme et par aucune rumeur d'incendie ?

N'importe ! Au milieu de cette population paisible et confiante, à travers ce quartier à peine éveillé, en face de ces physionomies paisibles qui le regardaient passer, le sourire sur les lèvres, l'obstiné rêveur, fermant les yeux à l'évidence même, ne laissait pas de poursuivre, dans sa passion et son caprice, cette chimère d'un collége incendié, et par suite de vacances inévitables.

Cet aveu peint l'homme ; mais en même temps le défaut que cet aveu trahit et l'obstination qu'il atteste expliquent bien des choses dans notre conduite comme dans notre histoire.

Espérer contre tout espoir, et j'ajoute contre toute raison, ce n'est plus, comme il devrait arriver, rendre à notre âme son ressort et son courage, mais au contraire lui ôter tout motif de lutter et de multiplier par la vaillance de son effort les probabilités de son succès.

Dès que l'imagination se donne libre carrière, dès qu'elle se lance dans de pures hypothèses de réussite et de triomphe, sans tenir aucun compte des calculs que la prudence suggère, des éventualités que l'esprit de conduite ménage, des obstacles que le courage surmonte, notre espérance se mesure, non plus sur la sagesse de nos actes, mais sur la puissance de notre imaginative.

Nous nous représentons les différentes issues de notre situation, à la façon des drames que les auteurs conçoivent ; la conduite privée de l'écrivain n'a rien à démêler avec le dénoûment de ces fables, et pour faire aboutir l'intrigue d'une façon heureuse et convenable, ils n'ont à consulter que leurs propres pensées, à suivre que leurs propres désirs.

Cet emportement de nos rêves, cette illusion nourrie et entretenue à dessein, en dehors de tout contrôle et de tout contact avec la réalité, a pour effet de nous désintéresser complètement de la vie. Elle nous ôte le courage qui nous reste et suspend en nous toute activité.

Du moment où nous prenons l'existence par ce côté paradoxal, dès que nous faisons de l'avenir, non pas le résultat prévu de nos calculs ou l'effet probable de nos résolutions, mais une sorte d'apparition fantastique et comme une hallucination complaisante à notre appel, nous sommes bien obligés de nous avouer que ces combinaisons étranges et forcées ne sauraient dépendre de nos façons d'agir. Il y a là des aspirations, des attentes, des évocations, si peu en rapport avec la sévérité et la logique des faits, que notre volonté, avec toutes ses énergies et tout son héroïsme, se sent pour ainsi dire d'avance mise hors de combat. Le rêveur aurait meilleur compte à invoquer la baguette des fées et les incantations des génies, tant le but souhaité par le désir de se satisfaire est hors de proportion avec les moyens fournis par la réalité pour l'atteindre.

L'espérance d'imagination est donc, à proprement parler, une invitation perpétuelle à l'abandon, une justification quotidienne de notre langueur. Nous savons bien que le hasard seul, et un hasard auquel nous sommes les premiers à ne pas croire, est capable de réaliser dans notre vie des combinaisons si en dehors des efforts qu'on peut exercer et des résultats qu'on doit attendre.

L'espérance de courage a de tout autres allures et une tout autre origine.

Son point de départ n'est plus dans l'imagination, mais dans la raison.

Elle ne tire pas ses motifs des sentiments qu'elle éprouve, mais des obligations qu'elle aperçoit.

Il n'y a, dans les affaires humaines, avec l'instabilité où elles flottent, l'imprévu qu'elles subissent, l'incertitude qu'elles comportent, il n'y a, dis-je, qu'un élément stable. C'est là, pour ainsi dire, le lest sur lequel, en dépit des agitations et des déplacements, l'équilibre de notre conduite ne manque jamais de s'établir.

Cette espèce de quantité constante au milieu de tant de données variables, cette cause toujours persévérante et toujours agissante, c'est la volonté humaine, éclairée par un but, soutenue par un devoir, entretenue par son courage.

La volonté constitue, dans l'économie générale de notre conduite, comme un centre d'action et de ralliement où viennent se reformer et se reprendre les éléments dispersés de notre destinée. L'orbite de notre existence a beau se trouver déplacé par des influences et des attractions diverses, cette énergie interne qui est en nous maintient sa ligne et sa direction, les perturbations les plus désordonnées en apparence finissent par se trouver ramenées dans des limites bien étroites et réduites à la loi dominante du devoir.

L'espérance n'est plus alors une sorte d'inspiration dont se repaît notre pensée, et comme un poème épique dans lequel la fantaisie chanterait notre propre destinée ; elle devient à la fois une affirmation logique de notre esprit et un engagement moral de notre caractère.

Notre raison fait un effort, non pas pour grossir par un tour donné à nos propres facultés les chances heureuses de notre vie ; nous n'abusons plus ni de l'abstraction pour supprimer ce qui nous contrarie, ni de la généralisation pour étendre ce qui nous agrée. Il ne s'agit plus ici de la contemplation pure, laquelle n'engage à rien, mais d'un jugement de notre esprit fait pour nous créer de véritables devoirs.

En effet, espérer, c'est faire entrer en ligne de compte, dans la conduite comme dans la préparation de notre avenir, notre prudence, notre courage, notre force, notre persévérance, comme autant d'éléments essentiels et intégrants du succès. Cette espérance se mesure donc, non plus aux faveurs du hasard, mais au mérite de nos vertus.

On le voit : d'un côté comme de l'autre, il est rigoureusement vrai de dire, suivant le proverbe emprunté à la sagesse des nations, que l'homme se fait à lui-même ses propres espérances. Seulement dans un cas, il les évoque par ses rêves comme par une ivresse volontaire ; dans l'autre cas, il les fonde, les affermit et les réalise par la sagesse de ses combinaisons et la puissance de ses efforts.

II

Que l'espérance de courage va en disparaissant chaque jour parmi nous, et le découragement en se développant dans une proportion égale.

Rien n'est plus connu, dans l'histoire littéraire de la France, que notre goût effréné pour le roman et le théâtre. C'est à ce point que nous finissons par appliquer à notre vie le même procédé de conduite et de jugement.

Il faut à la France, non pas du raisonnable, elle n'en veut pas, non pas même de l'extraordinaire, elle s'en lasse, mais de l'impossible, puisque, appliqué aux ardeurs de notre attente et à l'impétuosité de nos désirs, ce mot si profondément philosophique cesse, dit-on, d'être français.

De là, chez ceux qui nous gouvernent ou prétendent nous gouverner, ce soin extrême de ménager nos prétentions et notre susceptibilité. Nous ressemblons à certaines femmes qui ont beau se savoir vieilles et laides, et qui n'en écouteraient pas moins volontiers encore l'éloge de leur jeunesse et de leur beauté.

Nous ne nous contentons pas de prêter une oreille complaisante à ces chimères, de les appeler par nos vœux, et d'en imposer le mensonge à autrui par nos exigences ; nous allons plus loin. Nous en faisons des principes, des règles de conduite ; nous les prenons au sérieux. Toutes les fois que la réalité leur oppose le démenti de l'expérience, nous osons bien nous plaindre d'avoir été trompés.

Cette faiblesse et cette complaisance du caractère national ont pour effet une irritabilité et une souffrance que les autres peuples ne connaissent pas.

Il y dans l'homme de grandes ressources contre le malheur. On ne saurait croire jusqu'où va sa force de résistance lorsqu'il se ramasse en lui-même contre l'adversité, lorsqu'il la voit venir, qu'il s'y prépare, et qu'il lui oppose avec un sang-froid prémédité l'inépuisable provision de son courage.

Au contraire, lorsque l'imagination a pris plaisir à s'ébattre dans le monde de l'hyperbole, lorsqu'elle a hanté les régions de l'impossible, elle ne sait plus juger le malheur qu'elle subit, ni arrêter ses plaintes à leurs limites. Elle gémit, non pas seulement en voyant déçue une attente légitime, non pas en se voyant refuser par le destin la part raisonnable qu'elle pouvait se promettre dans ce que j'appellerài la distribution générale des chances, mais elle regarde comme dérobé à son droit tout ce qui fait défaut à son idéal.

Il en résulte que le malheur se mesure non plus à la réalité soufferte, mais à la chimère poursuivie. Il nous manque, pour être satisfaits, non pas seulement ce qui pourrait changer notre adversité en une condition supportable, mais ce qui serait nécessaire pour combler l'abîme ouvert par nos aspirations.

La nature humaine, faite pour résister aux maux véritables, n'est pas assez vigoureuse pour supporter cette chute incommensurable de ses espérances. Tandis qu'elle était trempée pour résister à tous les chocs du dehors, en tant que ces chocs prendraient un corps et une figure, elle se trouve tout d'un coup désarmée et incapable de réagir, lorsque la souffrance s'est multipliée par l'amertume que notre impatience lui communique et la souveraineté que notre faiblesse lui abandonne.

L'âme alors entre dans un état nouveau.

Il faut décrire cet état, car c'est là précisément que nous en sommes.

Il arrive, au point de vue des mœurs publiques, exactement ce qui arrive à un caractère faible qui se complaît dans sa propre douleur.

L'Écriture Sainte, en parlant du désespoir de Rachel pleurant la perte de ses fils, ajoute cette parole profonde qu'elle *ne voulait pas être consolée : noluit consolari*.

Elle ne voulait pas être consolée !

Il ne faut donc pas en ce monde parler de souffrance sans terme et sans remède. Nous sommes tellement bornés et finis que, pour durer toujours ou seulement pour durer au-delà de ses limites naturelles, il faut que la souffrance soit en quelque sorte alimentée et soutenue par notre propre volonté, autrement elle s'éteindrait d'elle-même.

C'est le propre de l'homme qu'il n'y a en lui rien d'éternel que son âme, et que, dans cette âme, les sentiments les plus profonds sont faits pour être effacés, adoucis, remplacés par d'autres sentiments.

Voilà pourquoi il a été dit que l'homme se complaît dans sa douleur, qu'il l'entretient, qu'il la cultive, qu'il l'empêche de s'émousser et de s'éteindre; il écarte par un acte de sa volonté les sentiments qui pourraient faire diversion, rendre le ressort à sa volonté et la conduire à d'autres devoirs.

Ce n'est point la souffrance qui brise ce ressort de la volonté ; c'est l'âme qui s'empare à dessein de sa propre énergie et qui la tourne contre elle-même. Elle dépense ainsi plus d'efforts pour achever la ruine de ses propres facultés qu'il n'en faudrait pour leur rendre la vigueur et la vie.

On se donne pour prétexte, en pareil cas, devant la mort d'un père, d'un fils, d'une épouse, que l'existence ne vaut pas la peine d'être continuée, que l'intervalle entre notre douleur et la mort est fait pour rester vide, comme si la nécessité de souffrir nous dispensait de l'obligation de mériter.

A force de se dépenser ainsi contre soi-même, on aboutit en effet à communiquer à tout son être une langueur définitive qui se maintient d'elle-même et qui n'a plus rien de voulu ni d'affecté.

On se fait ainsi une amertume factice et un découragement volontaires qui persistent; on s'en plaint comme d'une épreuve, tandis qu'on devrait, eu égard à sa propre lâcheté et à sa propre erreur, les regarder comme le châtiment de son inertie.

Cette histoire des individus est celle des peuples.

Nous avons passé, durant ces derniers temps, par toutes les épreuves qu'un peuple peut subir. Je n'ai pas la force de nommer ici par leur nom propre aucun des maux que nous avons soufferts. Il faudrait remonter bien haut dans l'histoire pour y trouver un désastre pareil.

Cette catastrophe, ou pour parler plus exactement, cette série de catastrophes diverses, s'est aggravée pour nous des déceptions que nous y avons ajoutées par notre présomption, notre crédulité, notre abandon de nous-mêmes.

Il s'est produit alors, dans les âmes des citoyens, un phénomène de tous points analogue à celui que je signalais.

Nous avons perdu tout ressort et toute initiative, non pas seulement au point de vue politique et social, ce qui serait déjà bien assez fâcheux, mais ce qui est bien autrement grave et bien autrement désastreux, dans la sphère morale de notre vie privée.

Il arrive que, pendant ces guerres, ces dissensions, ces incertitudes, sous prétexte de sentiments patriotiques, l'activité de tout homme est demeurée suspendue : du haut en bas de l'échelle sociale, tout le monde, comme par un accord universel, s'est mis à ne plus rien faire du tout.

Je rends visite à un homme vraiment supérieur et qui figure dans une des premières compagnies savantes de l'Europe. Je me permets d'amener l'entretien sur le dernier ouvrage qu'il a pu lire, sur le travail qui occupe maintenant ses réflexions : « Monsieur, » me répond-il avec le ton d'une profonde conviction et comme s'il eût affirmé la chose la plus naturelle du monde, « Monsieur, dans le temps où nous vivons, il n'est plus possible de se recueillir assez ni pour écrire, ni même pour penser. »

J'ai entendu parler d'une famille réfugiée en province durant le siége de Paris. L'aînée des jeunes filles se proposait de suppléer à l'insuffisance de sa fortune en se livrant à l'enseignement, et en donnant des leçons dès qu'elle aurait conquis son brevet de capacité. La ville où la smala s'était provisoirement établie compte des établissements d'instruction publique, des maîtres, des ressources de toute espèce, plus qu'il n'en faut assurément à une jeune personne pour atteindre ce médiocre niveau, sans faire entrer en ligne de compte cette bienveillance provinciale qui rend les services si aisés à demander et si doux à recevoir. Vous savez aussi bien que moi le temps qu'a duré cet exil de la famille parisienne chassée du foyer domestique par la perspective du siége, puis retenue en province par la terreur de la guerre civile. Vous étonnerai-je beaucoup, en vous apprenant que d'heure en heure, de jour en jour, de semaine en semaine, enfin de mois en mois, se prolongeait sans motif et sans but cette oisiveté d'une jeune fille de vingt ans.

Je ne sais pourquoi, au reste, je prends cet exemple particulier : il me faudrait, je crois, citer tous ceux que je connais. J'en étais venu au point de faire des excuses à ceux qui me trouvaient à mon secrétaire lorsqu'ils pénétraient chez moi, tant l'idée de la paresse universelle, tant ce préjugé de l'interruption du travail et de la cessation de toute espèce d'activité avait été en quelque sorte consacré par l'assentiment et la pratique universelle.

Cette langueur et cette apathie n'étaient pas le propre des hommes que la nature exclusivement intellectuelle de leurs occupations appelle à un usage exclusif de leur esprit. Il n'est point impossible d'admettre que les orages du dehors se répercutent dans la pensée de façon à lui ôter le complet empire d'elle-même. On comprendrait alors que, devant ce trouble de son propre esprit, trouble fait pour anéantir et pour déconcerter les meilleures intelligences, on renonce, comme contraint et forcé, aux spéculations élevées et aux recherches difficiles.

En est-il de même pour l'écolier qui balbutie sa

leçon, pour le jeune homme qui vous fait attendre la réponse de votre lettre, pour l'étudiant qui prépare son examen de droit ou de médecine, pour le négociant à qui vous demandez votre compte, pour tout homme enfin, dans quelque position qu'on veuille l'imaginer?

Comment se fait-il que, du haut en bas de l'échelle sociale, aussi bien dans l'ordre moral que dans l'ordre matériel, la vie entière de la nation semble suspendue?

D'où vient que chacun remet au lendemain ce qu'il pouvait faire la veille? Non-seulement on remet au lendemain, mais on n'assigne point d'échéance fixe à cette tâche qu'on diffère. On la relègue pour ainsi dire à une date indéfinie. On fait du provisoire la loi de sa destinée; on compte sur une autre tournure des événements pour sentir son cœur battre de nouveau, et pour se décider à reprendre les rênes de son existence.

Cette disposition intérieure à l'inertie, cette complaisance pour l'immobilité et la paresse n'est pas seulement un spectacle navrant pour le penseur qui la discerne au fond des âmes, pour l'homme actif et énergique qui s'y heurte comme au pied d'un mur. Il suffit de jeter les yeux sur ce qui nous entoure pour juger du degré de déraison où en est venue cette espèce d'oisiveté active.

Il faudrait n'avoir jamais mis le pied dans nos rues et sur nos places, il faudrait, durant ces temps d'épreuve, s'être soigneusement confiné dans une solitude inaccessible, pour n'avoir pas assisté, pendant tant de jours et de semaines, à cette odieuse consommation du temps humain, à cette perte calculée et fiévreuse des heures de notre vie.

Nous ne rencontrions pas seulement, sur les quais et les carrefours, cette foule inintelligente qu'une espèce d'instinct aveugle et irréfléchi précipite hors de chez elle, de la même façon que le bruit et l'éclat des lumières attirent l'oiseau hors de ses retraites pendant les chasses de nuit. Nous ne nous heurtions pas seulement sur le pavé de la voie publique avec l'homme du peuple qui, malgré le silence ou le mensonge du télégraphe, s'imagine avoir appris ou fait quelque chose pour être ému et agité. Je comprends que cette âme faible et sans appui intérieur ne puisse supporter le silence de sa solitude et le supplice de l'inconnu, mais ce qui navre le plus, c'est le spectacle si constant, si universel de l'homme instruit, de l'homme intelligent, consentant à faire partie de ce tourbillon de poussière, inondant comme les autres le sol des chemins, quêtant aussi des nouvelles aux quatre vents de l'horizon, quand il est peut-être le seul à savoir l'impossibilité d'en apprendre et le péril d'en demander.

Nous avons vu se reproduire ainsi ce que nos professeurs d'humanités nous racontaient dans nos classes de la physionomie de Rome et surtout d'Athènes, durant les beaux temps de l'oisiveté antique, alors que les citoyens, répandus à toutes les heures du jour sur l'*agora*, se demandaient les uns aux autres : « Qu'y a-t-il de nouveau? » pendant que les esclaves domestiques travaillaient au logis pour le maître absent.

Aujourd'hui, malgré les plaintes de ceux qui ne voient pas clair dans l'ordre social, il n'y a plus d'esclaves, il n'y a plus même d'exploités ; l'organisation politique est plus près de faire injustice au riche qu'au pauvre.

C'est ce qui rend plus cruelle cette oisiveté. Elle a dans le monde moderne des conséquences tout autres que dans le monde antique. Elle entraîne, à tous les degrés de la production, un ralentissement dans les forces vives de la nation, un amoindrissement et une infériorité progressives qui expliquent toutes nos chutes.

III

Les raisons que nous donnnons de notre découragement et la fausseté de ces raisons.

Avant de marquer les effets du découragement, l'abaissement où il réduit notre caractère, la ruine qu'il prépare et qu'il consomme dans l'ordre social, il convient de chercher les raisons dont il s'excuse, de montrer la faiblesse et le néant de ces raisons.

La pauvre humanité est tout à la fois si vaine et si intolérante, que, non contents de nous faire à l'occasion une parure de notre douleur et un mérite de notre faiblesse, nous ne pouvons plus prendre sur nous, ni de reconnaître ni de supporter dans autrui les mérites et les qualités auxquels nous avons renoncé.

Au milieu de nos épreuves nationales, on avait fini, sous prétexte de deuil et de condoléance patriotiques, par regarder cet engourdissement, cette apathie, cette immobilité comme un hommage au pays, comme la preuve éclatante et manifeste d'une délicatesse plus exquise, d'une sensibilité plus émue, d'une douleur plus profonde.

Il était de très-bon ton, de très-bon goût de s'avouer incapable, énervé, indifférent en quelque sorte à sa propre destinée. Je ne suis pas bien sûr qu'on n'ait pas traité parfois de lâche et de sans cœur, l'homme qui gardait encore quelque souci de son travail et quelque conscience de son devoir quotidien.

L'amour de la patrie ne se mesurait plus au dévoûment qu'il inspire, ni le véritable courage à la réaction naturelle que le malheur provoque : tout au contraire, il semblait que la vertu suprême et le dernier effort se réduisissent à s'avouer vaincu et démoralisé !

Il est difficile de comprendre jusqu'à quel point le jugement public a pu s'égarer ainsi, comment il en est venu à prendre en main tout haut la justification du découragement et de l'abandon de soi même, lorsque tous nos jugements sur la conduite et le mérite de la vie privée, en ce qui concerne les individus, roulent sur des principes diamétralement opposés.

Nous ne voyons pas et nous n'admettons point, en ce monde, que la douleur, même la plus cruelle, soit un motif suffisant pour nous exempter de notre devoir. Hélas ! avec la fragilité de la vie et tant de prises que nous donnons sur nous au malheur, il finirait par rester en cette vie trop de choses en suspens !

Un magistrat voit mourir dans ses bras son fils unique; il laisse dans son foyer désolé sa femme expirante et solitaire. Le voilà cependant qui part pour le tribunal où il va rendre la justice. Il s'efforce de raffermir ses esprits, de chasser ce souvenir qui l'obsède, de détourner son regard pour ne pas voir devant ses yeux le cercueil à peine fermé de son pauvre enfant. Cette lutte qu'il lui faut livrer au dedans de lui-même rend assurément plus pénibles encore ses austères fonctions. Il est obligé d'imposer silence à la voix de son cœur, de ramasser en lui-même les débris épars de sa propre pensée, de remettre en jeu, l'une après l'autre, toutes ses facultés que la douleur avait suspendues, et si l'on pouvait le dire ainsi, déplacées et vraiment détraquées. N'importe ! Il entreprend courageusement cette tâche vaillante; les collègues qui le consultent, les avocats qui lui parlent, l'audience qui le contemple ne se doutent pas même, à l'aspect de ce front calme, au son ferme de cette voix, à la sérénité de ce regard, de cet abîme de douleur où l'âme se plonge et se dévore par delà les retranchements et le calme humains dont ce grand courage s'abrite.

Faut-il citer l'une après l'autre toutes les professions et toutes les conditions, pour montrer que la loi de notre vie privée est bien l'acceptation du devoir, à l'encontre et au milieu même de la souffrance ? Le négociant ne ferme point son livre de comptes et ne fait point défaut à ses engagements, lorsqu'il est appelé à subir un malheur domestique. Le général ne jette point son épée et ne quitte point le champ de bataille lorsque tombe sous ses yeux son fils qui le suivait à l'ennemi. Nous avons eu, plus d'une fois, l'occasion de voir, dans un ordre d'occupations moins sévères et moins importantes, l'acteur qui, le matin, avait conduit à leur dernière demeure son père ou sa femme, paraître le même soir sur les planches, et provoquer les rires de l'auditoire dans quelque farce comique, sans autre motif que de rendre service à ses camarades besoigneux et de ne point faire manquer à leur préjudice la représentation annoncée.

Cette façon d'entendre et de pratiquer la vie est conforme de tous points aux lois fondamentales du devoir en même temps que de la nature humaine.

Sans doute, il y a, dans toute catastrophe qui vous frappe, un moment de crise qui vous abat ; l'âme alors met tout son courage, non pas à vaincre puisqu'elle ne le peut pas encore, mais à réagir. Elle tend toutes ses forces sans en recueillir aucun fruit apparent. C'est ainsi qu'avec un fardeau énorme, on a beau virer au cabestan, on commence par ne pas avancer malgré l'action de la manœuvre ; c'est d'abord la corde qui s'allonge et non pas le fardeau qui cède. Toutefois il vient un moment où l'effet se prononce et où le déplacement s'opère. De même, dans l'ordre moral, lorsque l'âme s'arc-boute pour ainsi dire contre elle-même, il s'écoule toujours un temps plus ou moins long pendant lequel sa bonne volonté ne produit pas de résultat sensible ni en calme ni en répit.

Ce résultat se prononce tout d'un coup.

Il arrive alors, contrairement à ce qu'imaginent les âmes faibles, que ce déploiement du courage moral dans l'ordre du devoir procure à l'âme désespérée l'unique soulagement que la douleur humaine puisse trouver. Le sentiment du devoir accompli la soutient et la relève. Elle ne lui ôte pas la partie élevée et saine de la souffrance. Elle lui en laisse le mérite et la grandeur et ne fait que l'affranchir de l'affaissement en quelque sorte matériel.

Il est donc bien vain et bien peu sensé de prétendre, comme on ne manque point de le dire et de le pratiquer communément, que la douleur de notre âme s'oppose à l'usage de son activité, tellement que, dans une calamité publique, il ne reste plus pour ainsi dire à une nation qu'à laisser s'échapper de ses mains sa destinée, comme si le hasard était seul commis à la charge de notre salut.

Les vrais patriotes, les âmes éminemment françaises ne sont donc pas celles qui, sous prétexte de s'affliger mieux et plus complètement, suspendent à plaisir les devoirs de leur vie, ou ne s'en acquittent plus qu'avec une résolution languissante. Ils perdent ainsi l'unique moyen de se raffermir en même temps qu'ils renoncent au service de leur patrie. Le pays n'a pas besoin ni de plaintes ni de larmes, mais d'activité, d'énergie, de bon vouloir.

J'entends donner par quelques-uns une raison plus mince et cependant aussi importante à leurs yeux de cette indolence à laquelle ils s'abandonnent par système.

Comment voulez-vous, disent-ils, qu'on puisse entreprendre de mener à bien quelque œuvre de la main ou de la pensée lorsque le travail lui-même manque de sécurité, de suite et d'avenir ? Est-ce l'heure des combinaisons à long terme, des pensées suivies, des développements que suppose ou des délais que comporte une création de quelque valeur ? Vous avez beau nous vanter cette fermeté d'esprit qui surmonte les orages du cœur et passe par-dessus ses souffrances pour se procurer cette paix si chèrement achetée, vous n'avez pas à dominer et à combattre seulement vos agitations intérieures ; il faut encore tenir compte des circonstances purement matérielles. Lorsque le tambour bat, lorsque l'ennemi paraît, lorsque le canon de la guerre civile éclate, il faut bien, malgré qu'on en ait, poser pour un instant sur la table de travail le pinceau, la plume ou l'ébauchoir, il faut bien déourner les yeux de son modèle soit vivant soit idéal, et rendre sa pensée amoindrie aux préoccupations présentes de la terre. Comment voulez-vous, ajoutent-ils, que, dans ces conditions, le travail ait quelque suite et quelque élan, lorsqu'il lui faut pour ainsi dire à chaque instant, se reprendre et se quitter lui-même, au risque de perdre, dans ces diversions et ces retours, le plus pur de ses forces et le meilleur de ses inspirations?

J'avoue que cette objection me touche aussi peu que possible. Si elle suffisait à excuser notre défaut actuel de courage, elle aboutirait tout aussi bien à instituer et à justifier la paresse universelle du genre humain.

Sans doute il ne manque pas de ces gens que j'appellerais volontiers les sybarites du travail. Ce sont eux qui, pour se recueillir, s'entendre et se posséder, étendraient volontiers autour d'eux et de leur sanctuaire une triple ligne de circonvallation. Lorsqu'ils se sont bâti pour ainsi dire une forteresse de repos et de silence, qu'ils se sont dérobés à tous les bruits du genre humain, lorsqu'ils ont établi entre eux et la distraction un impénétrable cordon sanitaire, ils consentent alors à se trouver suffisamment libres pour travailler et pour réfléchir. Dans tout autre condition, ces faibles esprits se perdent et se dissipent.

Il n'est pas besoin de dire que cette manie et ces pratiques, au lieu de fortifier l'esprit par le recueillement, comme ils le prétendent, le conduisent tout droit à sa perte, en le déshabituant de plus en plus de résister aux impressions et aux événements du dehors. Le silence factice dont ces intelligences médiocres s'enveloppent ne les préserve pas de leurs propres idées, de leurs distractions intérieures, de leurs songes solitaires. Il les laisse sans défense contr'eux mêmes, dans cette solitude où rien sans doute ne les détourne, mais où rien ne les secourt.

Les esprits vraiment forts et vraiment fermes n'ont pas besoin de ce régime misérable et inefficace. Leur puissance n'est pas dans l'isolement purement matériel du vide qu'on se ménage, mais dans une robuste possession d'eux-mêmes et de leurs facultés. C'est au milieu même de la vie réelle, des incidents qui la compliquent, des difficultés qui la traversent, dans l'effusion des joies ou la souffrance des tristesses, qu'ils poursuivent leur tâche et achèvent leur œuvre. Cette activité du travail fait la véritable unité de leur existence. C'est à ce fond solide que tout le reste se rattache. C'est ainsi que le devoir devient la raison d'être de leur destinée; tout le reste s'y réduit à des épisodes ; tandis qu'avec le système de la préparation indéfinie et du silence artificiel, c'est le travail et l'activité qui finissent par devenir des accidents.

Le vrai malheur d'un grand nombre d'hommes, c'est qu'ils remettent toujours au lendemain ou la jouissance de vivre ou la possibilité de travailler. Ils disposent de l'avenir comme si cet avenir leur appartenait et attendent toujours une période, une heure, un moment où ils accompliront enfin ce qu'ils ont en vue, sous un soleil plus pur et par un temps plus serein que le temps et le soleil d'aujourd'hui.

J'ai connu un vieillard de plus de soixante et quinze ans qui, abonné à plusieurs journaux, coupait au bas des pages, et faisait assembler soigneusement, par cahiers, les feuilletons des romans. Il se proposait, disait-il, de les lire *dans sa vieillesse !* Le lendemain il était mort.

Voilà notre image, et voilà l'histoire de notre vie.

Le plus grand nombre d'entre nous, mécontent du présent, comme nous ne manquons guère de l'être, impatient du lendemain, rêvant une conduite différente de la nôtre, plus de paix, plus de calme, plus de bien-être, attend que cette situation nouvelle lui soit faite par sa destinée, au lieu de se la ménager par sa bonne volonté et de la préparer par ses efforts.

Alors notre existence passe tout entière au provisoire. Nous la différons de jour en jour. Nous ne prenons pas garde qu'avec l'instabilité des choses humaines et la dureté fondamentale de notre condition, si chaque nouveau matin peut en effet nous délivrer des peines et des appréhensions de la veille, il ne manque jamais non plus d'amener avec lui son contingent nouveau de craintes, de douleurs, de préoccupations.

Il ne faut pas vouloir appliquer à sa propre vie cette chimère que poursuivent parmi nous les partisans de je ne sais quel gouvernement ou quelle société idéale. Pendant qu'ils m'entretiennent de leurs théorie et des avantages qu'elle comporte, je ne puis pas m'empêcher de me souvenir de l'homme que je suis. C'en est assez pour sentir leur chimère. Ce qu'ils appellent de tous leurs vœux dans l'ordre social, serait admirable en effet, si vous cessiez de prendre pour citoyens de votre utopie de pauvres hommes tissus de chair et d'os.

De même, je ne doute point qu'il ne fût très-agréable en effet, toutes les fois qu'on est appelé à la création d'une œuvre, à la combinaison d'une entreprise, à la poursuite d'une pensée, je ne doute point qu'il ne fût plus commode, plus prompt, plus expéditif, de se trouver tout d'un coup délivré de tous les liens et de toutes les chaînes, dégagé de tous les soucis, protégé par une paix surnaturelle et enchantée. Je veux croire que, dans cette atmosphère immobile, l'inspiration s'épanouirait plus librement, que la réflexion se développerait avec plus de régularité et de précision, à la façon des cristaux qui se forment seulement dans les ondes tranquilles ; mais vous voyez bien que cette paix rêvée est un désir dans lequel se complaît l'imagination, et non point une réalité sur laquelle puisse compter la pratique.

Ce n'est donc point un argument ni un refuge suffisants que d'alléguer, à la décharge de notre langueur et de notre affaissement, les interruptions forcées, les retards inévitables, les distractions extérieures que les événements politiques nous mettent en demeure de subir. Il n'est point de père de famille, d'homme retenu à la destinée d'autres créatures par les liens de la chair et du sang, appelé à porter devant Dieu la responsabilité d'autres destinées, le souci de l'avenir, le poids du commandement et de l'autorité, qui ne trouve dans sa vie privée, dans les complications domestiques de sa propre existence, des motifs de trouble semblables à ceux que nous imposent les événements publics. Il n'est pas besoin qu'un monde soit ébranlé, une nation perdue, une civilisation compromise, pour qu'il se fasse une solution de continuité dans la direction de nos pensées ou l'effort de notre courage. Ce qu'on appelle avoir du caractère consiste précisément à passer par-dessus ces obstacles, à suppléer par sa propre fermeté aux facilités qui nous manquent, à combler enfin par notre courage les lacunes de notre vie, de façon que le fil ne se trouve point brisé ni le courant interrompu.

Il faut se conduire dans les maux du pays, comme on se conduit dans les siens propres. Il faut soustraire au temps, à défaut des longs jours de recueillement et de tranquillité qu'il nous refuse, les heures que nous pouvons lui ravir et jusqu'aux minutes qu'il est possible de lui arracher.

Cette fermeté suffit pour changer l'aspect et l'esprit de notre vie.

Lorsqu'on regarde avec quelque attention un pavé de marbre recouvert de plaques égales et parallèles alternativement noires et blanches, on peut, par un effort d'abstraction, apporter une attention plus particulière soit aux carreaux noirs, soit aux blancs, de telle sorte que, suivant la fantaisie et l'application du regard, ce même espace nous apparaît à notre gré, soit comme un fond noir sur lequel se détacheraient des carreaux blancs, soit comme un fond blanc sur lequel se détacheraient des carreaux noirs.

Les compartiments tranchés de ces deux couleurs n'ont cependant changé, ni de situation, ni de nombre, ni de grandeur : l'alternative de ce contraste repose tout entière sur une simple direction de l'esprit, et en quelque sorte sur une intention mentale, suivant qu'on déplace dans sa pensée ou le blanc ou le noir.

Il se passe quelque chose d'analogue, lorsque nous avons entrepris et soutenu la résolution de raccorder, à travers l'intermittence des difficultés et des sollicitudes, les fragments épars de notre propre vie, de façon à les reconstituer en une suite et un tout.

Tandis qu'auparavant notre existence tout entière demeurait envahie par les incidents du dehors, à ce point que le travail et la bonne volonté n'y figuraient que par intervalles et presqu'à titre d'exception, aux heures trop rares de la paix et du recueillement, il suffit, pour jeter les bases d'une nouvelle existence, de se placer au point de vue opposé, de regarder comme sa vraie vie cette tension interne, cette activité soutenue de la pensée et de la résolution. Alors les accidents de la vie n'en peuvent plus ni suspendre, ni interrompre la suite ; ils passent, mais ils glissent et ne pénètrent point jusqu'à ce courant profond qui suit sa direction hors des atteintes de l'orage dans les dernières retraites de l'âme. De cette source intarissable et toujours pure, sortent, avec une égale constance, les résolutions énergiques, les puissants efforts, les longs projets, les persévérantes tentatives. Plus l'âme s'est affermie dans cette tradition morale, plus elle se sent dégagée des prises du dehors.

Il se trouve en dernière analyse que ces bouts de temps, ces courtes minutes, disputées à tant de soucis et d'occupations, finissent par former notre véritable vie, celle que nous vivons pour le progrès et la vertu, tandis que l'autre nous est dérobée par le caprice du hasard ou arrachée par la fatalité du destin.

Cette nécessité d'une réaction courageuse, pour nous ressaisir et nous posséder nous-mêmes au milieu des complications et des difficultés, emporte avec elle une bénédiction et un succès particuliers.

L'homme qui attend si mal à propos, pour jouir ou pour user de lui-même, le moment où il lui sera donné de disposer de lui en toute sécurité et en toute aisance, compte ordinairement sans cette autre mollesse et cette autre langueur qu'amènent après elles une trop grande prospérité et une trop grande réussite. Il est bien rare que l'homme emploie dignement son temps, ou seulement d'une façon suffisante, lorsque ce temps lui appartient tout entier.

Au contraire, lorsqu'on se crée à soi-même une paix par sa force morale et comme un repos par sa bonne volonté, on n'éprouve plus aucune tentation de laisser se perdre le moindre des instants qu'on est ainsi venu à bout de conquérir. Ces intervalles précieux qu'on s'est ménagés par son industrie nous apparaissent alors avec leur véritable prix ; nous les multiplions, nous les agrandissons pour ainsi dire par l'emploi exceptionnel que nous savons en faire, par la fécondité que nous venons à bout de leur communiquer.

Voilà pourquoi les temps de troubles et de calamités publiques, ceux pendant lesquels il faut faire un effort pour se retrouver soi-même, pour ne pas se perdre tout à fait dans l'agitation du dehors, me paraissent plus précieux que les temps ordinaires, et faits pour imposer à la conscience une plus grande responsabilité.

Sans doute, les grandes catastrophes politiques suspendent à ce point la vie normale des nations, qu'un grand nombre d'individus, depuis les conditions les plus humbles jusqu'aux situations les plus élevées. voient tout d'un coup interrompre leur carrière et briser leur activité externe. La force des choses impose ainsi un chômage général, aussi bien à l'homme d'État, forcé de rentrer à l'ombre de sa campagne, qu'à l'artisan immobile auprès de sa forge éteinte et de sa machine silencieuse.

C'est justement à cette heure et dans ces circonstances qu'un redoublement d'activité intérieure et personnelle me paraît imposé par les lois providentielles de l'humanité à toute âme qui se respecte.

Combien de fois ce politique, dominé par les nécessités de la situation et accablé des affaires de chaque jour, n'avait-il pas souhaité quelque répit, n'avait-il pas remis à quelqu'intervalle de solitude et de respiration l'étude et la méditation de tant d'idées qu'il ignore et dont il a besoin ? Combien de fois, scrutant d'un œil ferme et impartial les lacunes de ses connaissances, ne s'est-il pas signalé à lui-même la faiblesse de son propre esprit, n'a-t-il pas reconnu, au-dedans de lui, par un aveu qui lui faisait honneur, la nécessité de le compléter et de l'enrichir? Combien de fois, à l'autre extrémité de l'échelle sociale, l'humble artisan n'a-t-il pas gémi de son ignorance, et soupiré après les premiers éléments de l'instruction ? Même mieux pourvu de connaissances et d'idées, il regrettait de ne pas s'être élevé jusqu'aux notions des sciences et de perdre ainsi tout ce que la théorie aurait pu ajouter à sa pratique.

Dans un autre ordre, vous connaissez force gens qui, en dehors des applications de leur vie, avaient souvent rêvé quelque noble usage de leur esprit et de leurs facultés. Ils avaient, par exemple, gardé au fond de leur cœur, une prédilection et comme un souci de notre histoire nationale ; ils auraient voulu en connaître les origines, en consulter les documents en approfondir les problèmes. Cet autre, libre-penseur de naissance et engagé par ses parents dans l'incrédulité la plus absolue, s'était toujours proposé de ne point mourir sans avoir vu clair dans sa propre destinée, sans en avoir jugé autrement que par les affirmations un peu hasardées des frères et amis.

Voici donc, dans toutes ces existences si affairées, si confisquées, un moment unique où les événements du dehors suspendent forcément toute activité, tout travail, toute industrie dans la sphère pratique. Des masses d'hommes se trouvent tout d'un coup jetées par l'exil, par la proscription, par la guerre, en dehors de leurs occupations; des villes entières se remplissent d'émigrants, isolés subitement de leurs habitudes leurs relations, leurs devoirs. Oisifs, errants, sans rien qui réponde à leur train ordinaire, n'ayant pour repaître leur esprit que des préoccupations et des craintes, sans emploi prévu de leurs longues journées, on les voit qui prennent par les chemins les plus longs, et se plaignent à chaque lever de soleil, que le jour leur apporte encore vingt-quatre heures de plus à dépenser.

Prenez-y garde : ce temps que vous laissez vide et pendant lequel votre inanité se consume en lamentations sur vous-mêmes et en reproches contre la Providence, ne serait-il pas précisément la période féconde et bénie, au point de vue de la vie morale, période pendant laquelle il vous est offert de vous retremper et de vous préparer aux combats nouveaux ?

Il ne faut pas s'y tromper. Si la plupart des hommes, au lieu d'aller en se fortifiant, en se complétant, à mesure qu'ils avancent dans la vie, nous paraissent déchoir avec tant de rapidité et vivre beaucoup plus sur la réputation de leur passé que sur le mérite de leur présent, c'est, il faut le dire, que, pour satisfaire aux obligations de toute la vie, on s'en tient presque toujours aux misérables ressources de la première éducation. On s'imagine, avec une robuste complaisance qu'on a appris en effet quelque chose durant les années de collége et de pension. Le malheur est qu'au contact trop rude des réalités, nous ne tardons pas à voir se détacher la couche trop mince de ce vernis ; cette instruction prétendue, au lieu de nous servir d'expérience, n'aboutit qu'à empêcher notre amour-propre d'en acquérir.

Il n'en va pas de même, lorsque, sur le plein horizon de la vie, dans toute l'ampleur de nos facultés, au moment où nous avons atteint ce point culminant où l'on peut avec une égale aisance porter ses regards soit en avant, soit en arrière, il nous arrive de nous arrêter, de nous recueillir et de reprendre, même pendant un court intervalle, l'éducation ébauchée de notre esprit.

La science et la réflexion ne trouvent plus en nous, comme dans la jeunesse, une attention distraite, une pensée impuissante, une mémoire complaisante mais fugitive, une paresse provoquée par le besoin des amusements, une présomption entretenue par l'ignorance.

La réalité nous a éclairés déjà sur notre propre insuffisance, beaucoup mieux que les avertissements du maître le plus écouté ; la rude nécessité nous a fait sentir le besoin du travail en nous imposant la dépense, l'ambition elle-même, malgré l'affectation qu'elle met à se croire digne de tout, s'est prise à souhaiter tout bas d'en devenir plus capable.

Il n'est donc point douteux, comme on en faisait plus haut la remarque, que, dans les temps de calamités publiques, ces désastres épouvantables qui déconcertent les nations et suspendent en quelque sorte la vie privée des individus représentent, au point de vue de notre carrière, de notre avenir, de notre responsabilité morale, une période dont il nous sera demandé dans l'autre vie un compte plus particulièrement sévère. C'était peut-être, avant l'heure où il nous faudra quitter ce monde, la dernière occasion qui nous était laissée pour devenir meilleurs et moins ignorants, pour nous défaire de nos préjugés, reconnaître nos erreurs, redresser et compléter notre intelligence. Tandis qu'emportés et subjugués par la tâche de chaque jour, nous n'empruntons le plus souvent d'idées à la science, qu'en passant, en courant, d'une façon superficielle et dans un but tout utilitaire, l'incertitude même qui pèse sur nous à l'heure présente et ne nous permet pas de prévoir aussi étroitement l'emploi de nos connaissances contribue à élever encore, à désintéresser, à spiritualiser, si je puis le dire ainsi, les réflexions et les études que nous pouvons faire. Les événements eux-mêmes nous portent jusqu'aux problèmes dont notre intelligence demeurait jadis éloignée, jusqu'à des questions auxquelles il lui aurait paru oiseux de réfléchir, loin de songer à les résoudre. Aujourd'hui il nous faut bien reconnaître que notre humble condition est engagée dans ces discussions de la métaphysique et de la science. Le malheur ne grandit pas seulement le caractère qui y résiste par la lutte, mais l'intelligence qui en profite par la contemplation.

Tandis que ces périodes d'épreuve auraient tant d'avantages à nous offrir en déduction de nos pertes et en dédommagement de nos douleurs, il est à craindre que le retour de la prospérité ne nous trouve plus épuisés et plus faibles encore. Abattus par un découragement que nous n'avons pas su vaincre, peut-être pas voulu combattre, nous sentirons, avec d'amers et inutiles regrets, qu'au lieu de venir en aide à la patrie, et faute de nous soutenir nous-mêmes, nous avons ajouté encore par notre propre défaite, aux pertes et aux calamités publiques.

CHAPITRE TROISIÈME

LES CONSÉQUENCES DU DÉCOURAGEMENT

I

Les conséquences du découragement au point de vue de la richesse publique.

Un argument fort répandu et fort goûté dans les écoles philosophiques est celui qui se tire des conséquences. On se borne ainsi, pour établir ou pour infirmer la vérité d'une idée, à montrer les contradictions qu'elle engendre ou les harmonies qu'elle rencontre.

Cette façon de prendre les choses est encore plus efficace et plus décisive lorsqu'au lieu de s'en tenir, comme on le fait dans les écoles, à la discussion et au choc des idées pures, on met la main sur les réalités elles-mêmes, on les fait en quelque sorte poser devant soi jusqu'à ce qu'elles nous aient apparu sous tous leurs aspects.

Il ne suffit pas de montrer dans les âmes l'origine morale du découragement et le sophisme intérieur par lequel notre intelligence réussit à surprendre notre volonté, il faut suivre, dans les faits eux-mêmes, les traces et les conséquences de notre faiblesse. C'est ainsi que la richesse publique s'épuise, que l'ordre social s'ébranle, que notre caractère lui-même s'use et s'anéantit.

Le découragement n'est pas un de ces défauts, une de ces faiblesses dont on ait l'habitude de rougir. On l'avoue aisément, et on l'avoue non sans une certaine complaisance de mélancolie et d'amour-propre. Cet abandon de soi-même prendrait volontiers un faux air de désintéressement, peut-être même de sacrifice.

Être découragé, n'est-ce pas, à ce qu'on prétexte, renoncer au succès? N'est-ce pas, dans le désespoir fondé d'y parvenir, le bon esprit d'y renoncer? Si nous nous laissons trop vite déconcerter, si nous ne savons pas mettre un frein à nos abattements, ne sommes-nous pas les premiers à en souffrir? Est-on bien fondé à nous reprocher une erreur ou une faiblesse dont nous sommes les premières et peut-être les seules victimes?

C'est ainsi que beaucoup de gens se complaisent en eux-mêmes, et demanderaient volontiers qu'on les remerciât de leur manque de courage. On dirait à les entendre qu'ils se retirent volontairement de la distribution générale des chances, de façon à n'amoindrir que leur propre fortune et à ne compromettre que leur propre destinée.

Il ne faut point laisser passer sans réponse des affirmations aussi énormes, surtout lorsque ces affirmations, plutôt entrevues qu'énoncées, prennent la forme contagieuse d'un sentiment et parviennent ainsi à échapper aux analyses de la raison.

La société est organisée de telle sorte que nul de ses membres n'y vit isolé et indépendant de personne.

La division du travail et la solidarité nécessaire des professions entraînent ce résultat que tout le monde produit en effet pour autrui, alors même que chacun paraît songer exclusivement aux intérêts de sa personne.

Cette vérité est générale. Il n'est point de sphère où elle ne trouve son application. L'humble artisan qui achève à l'atelier sa tâche manuelle la destine à un public, de la même façon que le poëte et l'orateur leur discours et leur drame.

Il n'est pas besoin d'avoir fait de l'économie politique une étude particulière, pour comprendre que tous, tant que nous sommes, nous jouons tout à la fois, au point de vue matériel, le rôle simultané de producteurs et de consommateurs. Nous ne saurions pourvoir à l'entretien de notre vie sans emprunter perpétuellement à tout ce qui nous environne, non pas seulement les éléments de notre bien-être, mais en quelque sorte les matériaux de notre propre existence. Il faut absolument que le milieu social et industriel dans lequel nous nous trouvons les mette à notre disposition et les tienne à notre portée, sans quoi nous ne saurions par aucun effort suffire de nous-mêmes à nos besoins.

La conséquence de cette solidarité industrielle est facile à saisir.

La consommation tend, par une dépense incessante, à rompre l'équilibre de la production dans le sens du néant. Elle fait disparaître journellement des quantités énormes de richesses que le travail de la nation est appelé à renouveler.

Le jour où l'ouvrier, l'industriel, le fabricant se laissent circonvenir par leur propre découragement, et renoncent pour un temps à leur travail, à leur manufacture, à leur commerce, cette langueur entraîne deux séries d'effets dont ils ne veulent voir que le premier.

Sans doute, du moment où ils cessent de donner à leur capital cet emploi actif et intelligent qui le fait fructifier en le multipliant par l'échange, chacun d'entre eux éprouve un préjudice personnel dont il est tout à la fois l'auteur et la victime. Il n'a plus de semaine à toucher le jour de la paie; son outillage industriel se transforme en une valeur oisive qui ne lui rapporte plus aucun revenu et ne tarde même pas à se détériorer. Il s'expose à perdre ainsi et le fruit et jusqu'aux instruments de son travail. Chacun d'eux prépare sa propre ruine, car la grandeur et la rapidité de la perte sont proportionnées à l'importance de la situation.

C'est ainsi que le riche lui-même, dès le premier jour où il suspend son activité, commence son indigence future et inaugure l'inévitable pauvreté, tandis que ce même temps d'arrêt suffit, dans une condition moins pourvue et par conséquent moins résistante, pour conduire et pour précipiter au dernier fond de la misère l'homme qui a interrompu son travail.

Sans en venir là et sans se laisser entraîner jusqu'à ces extrémités, tout homme qui succombe au désespoir ou se laisse gagner par la langueur peut traduire par un chiffre mathématique exact le bénéfice dont il se prive et la perte à laquelle il consent.

Il faut prendre garde maintenant que ce chiffre ne représente pas seulement une quote-part de la fortune privée, tellement que chacun soit libre d'amoindrir ou d'augmenter son propre bien sans que personne ait rien à y voir.

Cette perte se retrouve dans l'addition générale par laquelle s'exprime la totalité de la fortune publique. Il y manque exactement le même nombre d'unités qui constituent le déficit de ce budget particulier.

Cet amoindrissement du capital individuel se reproduit donc d'une façon identique dans l'évaluation de la richesse nationale.

Cette répercussion sociale de la paresse et du découragement n'est point visible d'ordinaire dans l'économie financière des nations, par cette raison qu'en temps ordinaire, la soif des richesses, si ardente, si impérieuse, si universelle chez les hommes, suffit et au-delà pour compenser quelques défaillances isolées.

Au contraire, lorsque des causes morales puissantes remuent jusque dans ses dernières couches une nation tout entière, lorsque les masses se trouvent frappées et abattues, ce phénomène de la lassitude et de l'abandon de soi-même se produit en grand, de la même façon que des actions infiniment petites donnent souvent naissance à une résultante prodigieuse.

Les tempéraments longtemps affaiblis par un régime insuffisant ou par des dépenses excessives sans un renouvellement proportionnel ne tardent pas à succomber à l'anémie. La vie ne trouve plus en eux le capital de force dont elle a besoin ; leur réserve est épuisée : ils n'ont plus même assez de vigueur pour y suppléer par une nouvelle assimilation.

Il en est de même des peuples qui se laissent aller.

Il semble que ce ne soit rien de renoncer à quelque salaire ou à quelque bénéfice, de restreindre sa fabrication, d'interrompre son commerce, de suspendre même ses calculs; et cependant, de toutes ces renonciations privées, de ces retardements, de ces abandons, naissent lentement le désastre et la ruine publiques.

Si la guerre prépare, comme on le dit, la peste et la famine, il ne faut pas croire, pour nous en tenir à cette dernière, que la température ou l'économie des saisons, les aspects du ciel, la fécondité du sol changent tout d'un coup parce qu'il a plu aux hommes d'être méchants. Il ne faut pas s'imaginer non plus que le nombre des bras occupés aux égorgements savants des batailles suffise pour expliquer cet appauvrissement. Ce n'est pas la Providence qui fait défaut à l'homme, ni le nombre des hommes qui manque au travail; c'est la bonne volonté qui s'est perdue. Au bruit de ce canon, au milieu de ces troubles, dans la confusion de ces luttes, regardez bien, et vous verrez qu'aux heures les plus fécondes de la journée, en pleine matinée, durant ce temps qu'une femme d'esprit qualifiait de *temps non parlable*, l'activité se dissipe sans but, les heures s'écoulent sans emploi, et la fortune du pays se solde par un déficit que rien ne peut combler.

Ce ralentissement et cette stérilité de la production ne s'expliquent pas seulement par l'arrêt du travail matériel. Ce ne sont pas seulement les bras qui restent oisifs et les machines silencieuses.

Il n'est plus nécessaire, au temps où nous vivons et avec les leçons que nous avons reçues, d'établir la solidarité qui existe entre les progrès de la science et les perfectionnements de l'industrie.

Le monde matériel, dans ce qu'il a de plus grossier, de plus épais, si je puis le dire ainsi, ne vit et ne respire que par les idées auxquelles il correspond. Il n'est pas d'action, quelque brutale, quelque inanimée qu'on la suppose, qui n'ait son motif, son but, sa raison.

Le bûcheron qui frappe sur le tronc de l'arbre a tout à la fois l'intention de l'abattre et l'adresse de porter ses coups au même endroit. Il donne du champ à la course de sa hache ; il la prend d'un poids suffisant et avec un manche solide, afin de multiplier la force par la vitesse en même temps que l'effort par la masse.

Il en est de même dans l'ordre agricole, industriel, commercial. Il y a souvent bien peu d'idées dans un système de transactions ou dans un ordre d'entreprises, mais qu'il y en ait peu ou qu'il y en ait beaucoup, que ces idées soient neuves ou surannées, éprouvées ou téméraires, il n'en est pas moins certain que, sans elles, le travail ne saurait ni s'entreprendre ni se poursuivre. Le résultat final de la production économique se proportionne, non pas au nombre ni à l'effet des bras, mais uniquement à la valeur des idées et des motifs moraux.

Lorsque le découragement s'empare d'une nation, il agit sans doute sur l'activité extérieure, il ralentit d'une façon visible le mouvement du bras et de la main, en vertu de la même loi qui retarde la roue lorsque les eaux de la chute viennent à se détourner ou à se tarir.

Cette action est bien plus marquée et bien plus funeste dans l'ordre des idées, méme à ne les prendre qu'au point de vue de la richesse.

L'intelligence est peut-être plus vite et plus sûrement abattue que l'activité physique.

Tandis que le besoin et la nécessité contraignent la plupart des hommes à continuer leurs occupations physiques en dépit du goût qu'ils en ont perdu ou en dehors de l'espérance qu'ils s'en promettent, le savant qui n'a point à subir cette servitude de l'heure présente se laisse plus facilement encore entrainer à suspendre le mouvement de son esprit. Il lui faut presque toujours, pour poursuivre ses découvertes, sinon l'encouragement de la fortune dont il se passe, au moins celui de la gloire auquel il ne saurait aussi aisément renoncer. Il lui faut d'ordinaire un calme relatif, et par-dessus tout, pour suffire à l'effort et à l'élan intérieurs, une mise en œuvre de la volonté dont le génie lui-même ne saurait se dispenser.

Lorsque les esprits se mettent en friche, ils tombent d'ordinaire dans le vide le plus absolu. C'est l'heure où des intelligences de premier ordre se consument dans des parties de whist et d'échecs, moins que cela dans des lectures de journaux ou dans un tournoiement sur les places.

Sans doute lorsque le statisticien fera l'inventaire

de l'armée industrielle et agricole, lorsqu'il pèsera ou comptera les produits, il ne lui sera pas facile, il ne lui viendra même pas à la pensée de supputer en chiffres ce déficit intellectuel. Il n'en est pas moins certain que l'industrie et la production économiques auront perdu tous les progrès dûs chaque année à l'avancement de la science et au perfectionnement de la théorie.

II

Les conséquences du découragement au point de vue de l'ordre social.

Les sociétés ne vivent pas seulement du pain de chaque jour. Il ne faut pas qu'elles imaginent de borner leur reconnaissance à l'ouvrier qui fait fonctionner la machine, ni même au savant qui la construit.

Les sociétés réclament d'autres services.

Elles ne peuvent subsister un seul instant, sans voir s'accomplir au milieu d'elles, avec toutes les garanties qu'elles exigent et tout le mérite qu'elles comportent dans les hommes qui en sont chargés, un certain nombre de fonctions essentielles, sans lesquelles aucune organisation politique ne saurait tenir ni aucune existence sociale se prolonger.

La justice, par exemple, l'enseignement, l'administration, pour n'en pas citer d'autres, demandent qu'on veille à leur suite et à leur accomplissement. Les magistrats, les professeurs, les employés qui acceptent cette responsabilité et s'acquittent de ces devoirs doivent se maintenir par leurs efforts, leurs vertus, leurs lumières, au niveau de ce véritable sacerdoce.

Les obligations qu'impose à la conscience cette tâche vraiment supérieure se présentent sous un double aspect.

Il y a d'abord la partie purement matérielle ou au moins purement mécanique du devoir, le procès qu'on informe, l'arrêt qu'on prononce, la classe qu'on fait, le papier que l'on signe.

Tant que le fonctionnaire se rend à son administration, tant que le professeur monte dans sa chaire ou le magistrat sur son siége, il n'y a pas de chômage dans les audiences de la justice, les leçons du gymnase, les expéditions des bureaux.

Le mécanisme des administrations est ainsi monté qu'il ne comporte pas la mesure de liberté ou d'initiative dont ne se dessaisit jamais l'activité privée. Il en résulte que les bureaux ne cessent jamais le maniement et l'échange de leurs papiers. On a eu raison de dire que, semblables au juste d'Horace, ils administreraient encore sur les débris de l'univers.

Toutefois ce qui importe à la société, ce n'est point l'accomplissement automatique de ces fonctions, pas plus que l'échange convenu d'un certain nombre de lettres et de protocoles.

Ce qui pèse dans sa destinée, et ce qui fait la différence entre une civilisation apparente et une civilisation réelle, c'est l'esprit dans lequel il est procédé à cet enseignement, à cette distribution de la justice, à ce mécanisme de l'administration.

Lorsque l'esprit s'en va et qu'un peuple s'attache plus à la lettre et à la forme qu'au progrès ou à la valeur des hommes, il se prononce, dans l'ordre politique et social, un écart entre les actes auxquels on se réduit et l'idéal dont on s'éloigne tous les jours de plus en plus.

On a toujours, pour tous les emplois, des individus à revêtir des mêmes costumes, à entourer des mêmes dignités, à élever aux mêmes grandeurs; mais sous cette pourpre et sous cette hermine se cachent des abîmes de suffisance et de nullité.

Il ne suffit pas que le choix ait porté à l'origine sur une personne digne, dès l'abord, des hautes charges auxquelles on l'appelait. Lorsqu'il s'agit de supériorités aussi élevées, il ne suffit pas du mérite qui vous y destine, il y faut encore le travail qui vous y maintient. Il faut considérer que de telles fonctions dépensent et usent par un emploi quotidien les plus éminentes facultés, et que, pour rester à la tête de ceux qu'on a accepté de conduire, il ne faut ni se ralentir ni se laisser devancer sur la route rapide de la civilisation et du progrès.

N'est-il arrivé à aucun des hommes dont je parle, et que je range dans cette élite, de s'abandonner aussi au découragement, et de laisser faiblir entre leurs mains ce que j'appellerais à bon droit la partie morale et vivifiante de leur tâche?

N'est-il pas vrai que, semblables à l'industriel, au commerçant, à l'homme du monde, ils ont suspendu, non point sans doute le fonctionnement mécanique de leur charge ni leur coopération matérielle aux actes qu'elle exige, mais peut-être cette activité intérieure, ce travail privé par lequel le médecin se maintient au niveau de l'art de guérir, le professeur à la hauteur de son enseignement, le magistrat dans l'esprit éclairé et savant de la justice.

Je rencontre un avocat lequel n'a point eu le courage, même au matin de l'audience, d'ouvrir son dossier et de s'aboucher avec son client, un juge qui, descendu de son siége, vient me demander des romans, un professeur qui ne songe plus à revoir ses classiques, et je me dis qu'il y a là tout à la fois un grand désordre, en même temps qu'une grande perte et un grand hommage pour la société.

Dès que vous vous abandonnez vous-même, dès que vous vous laissez retomber au niveau de l'homme vulgaire auquel son intelligence n'obéit pas, vous avez beau rappeler la supériorité, l'éclat, l'approvisionnement scientifique de vos débuts, la hauteur même où vous avez pu vous éleverrend plus étroite et plus difficile l'obligation de s'y maintenir, autrement on tend à descendre et à se précipiter d'autant plus vite et d'autant plus bas que la chute commence de plus haut.

Dès que les hommes de ce rang, de cette valeur et de cette situation, se laissent gagner à l'inertie et à la distraction communes, dès qu'ils cèdent à cette oisiveté patriotique et à cet affaissement national, il en résulte pour la société une perte bien autrement dommageable que l'absence ou le renchérissement des marchandises de consommation.

Lorsque les personnages qui occupent les postes de confiance dans l'ordre intellectuel et moral sont ce que l'on appelle des hommes vraiment forts, toutes les affaires qui leur sont confiées et qui relèvent d'eux se poursuivent et s'achèvent avec la supériorité qui est en eux-mêmes.

Au contraire, s'ils se sont laissé affaiblir ou retarder, le niveau général baisse : tout se fait dans la société languissamment, faiblement, insuffisamment.

En apparence, rien ne s'arrête et rien ne périclite; tout continue, tout suit son étroit chemin et marche par l'antique impulsion : en réalité, la médiocrité et l'abattement des personnes rendent tout inférieur et tout critiquable.

Les hautes fonctions de la société ne sont plus alors qu'un fantôme conservé dans nos mœurs par les usages de la civilisation; le contraste senti par la foule d'une part, entre la puissance et les honneurs des fonctions exercées, et d'autre part la vulgarité ou l'ignorance des personnages investis augmentent encore le désordre moral, et la nation ne tarde pas à s'en ressentir.

Ce dommage-là est plus grand que celui des batailles perdues et des villes conquises. La défaite des armes se relève par la victoire; dans l'ordre matériel, toute perte a ses bornes et ses limites rigoureuses. Il n'en va pas de même dans l'ordre moral; on ne saurait évaluer par aucun chiffre les conséquences funestes de cette insuffisance et de cette non-valeur.

Le phénomène qu'on vient de signaler n'est point propre à ceux qui occupent les situations les plus élevées de l'ordre social. Il se renouvelle et se reproduit tous les jours pour le commun des hommes. C'en est assez pour compromettre l'ordre, affaiblir la morale, et perdre jusqu'à la la force publique et militaire.

On a eu l'occasion de faire voir que le maintien des lois, la garantie de la paix, le respect des droits ne reposent point, comme le matérialisme social se complaît à le dire, sur l'emploi de la terreur et de la contrainte. Les vertus privées font plus pour le bon ordre, pour l'accomplissement des devoirs, pour la stabilité morale des nations, que tous les moyens légaux et coercitifs.

Mais en dehors de la discipline et de la force, comme aussi à côté de la vertu et des qualités de l'homme de bien, il y a un élément dont il faut tenir compte. C'est celui-là même que le découragement supprime et anéantit.

Il faut absolument avoir, dans son droit et

dans le succès de son droit, une certaine dose de confiance.

Les théologiens définissent la confiance: une disposition habituelle de l'âme à pensér que Dieu ne vous laissera pas manquer des grâces nécessaires au salut.

Dans l'ordre humain, on peut dire que la confiance est une disposition habituelle de l'âme à penser que la vérité et la justice finiront par s'accomplir.

Nous ne sommes pas tous des héros ; il s'en faut, et il ne manque pas d'événements qui l'ont montré. Nous avons répété, comme les autres, la belle maxime : « Fais ce que dois, advienne que pourra ! » mais, dans la pratique, si nous consentons au travail, à l'effort, au sacrifice, nous ne pouvons guère nous passer de savoir quels fruits et quel succès emportera cette dépense de notre activité et cette énergie de notre résolution. Nous avons besoin d'être encouragés et soutenus par l'assentiment public. Nous aimons à nous dire que nous ne serons ni méconnus, ni abandonnés, et que notre initiative individuelle, malgré sa faiblesse et son isolement, est sûre de triompher par la complicité et le concours de tous les gens de bien.

Le soldat s'élance en avant et monte à l'assaut, sans prendre garde au nombre des ennemis qui garnissent les créneaux de la forteresse, comme aussi sans compter les compagnons qui viennent derrière lui dans cette attaque. C'est là une affaire de confiance, et comme un raisonnement dont le bon sens supprime la majeure. Il est certain que, s'il ne s'estimait pas suivi et accompagné d'un nombre suffisant de compagnons, il n'irait point s'exposer à une tuerie certaine, ni se heurter au pied inaccessible de ces remparts.

De même, lorsqu'une insulte est faite par quelques misérables à une femme, à un enfant, à un vieillard, même à un homme, au milieu d'une foule civilisée, le premier venu n'hésite pas à prêter main-forte au droit et à la justice. Il prend énergiquement en main la cause de l'opprimé et ne craint pas de faire appel à la multitude qui l'environne. Il estime que ce recours au droit contre la force sera en effet entendu, et que nul ne marchandera son appui à la loi contre l'iniquité.

Cette confiance morale multiplie au-delà de toute expression la puissance du bien contre le mal. Elle garantit au nom du devoir et de l'honneur l'appui infaillible d'une majorité écrasante à quiconque se dévoue pour le droit, et cette majorité elle-même rend le sacrifice inutile en même temps que le triomphe certain.

Supposez au contraire un peuple chez lequel cette confiance ait fléchi et le sens moral diminué. Le droit et la loi n'ont plus à invoquer en leur faveur que la rigueur de la force et de la discipline. Cet immense surcroît d'influence et d'autorité a disparu tout entier de l'avoir social. Ce n'est plus l'esprit qui gouverne, c'est l'inflexible violence.

III

Les conséquences du découragement au point de vue de notre caractère et de notre destinée.

Les effets du découragement ne s'attestent point seulement dans l'ordre économique et social.

C'est peut-être dans la vie privée, dans le caractère lui-même, qu'il accomplit ses plus funestes ravages; c'est là qu'il s'attaque pour ainsi dire aux sources notre vie, et qu'il détruit dans leur germe les espérances de notre bonheur.

Lorsque le Psalmiste raconte les désespoirs d'Israël conduit en captivité sous les tentes et le long des fleuves de Babylone, le poëte sacré exprime d'un mot cet abattement profond, et il s'écrie par la bouche des Hébreux découragés : « C'est là que nous nous sommes assis et que nous avons pleuré ! *Hic sedimus et flevimus* ! »

Je ne saurais mieux exprimer l'attitude et la renonciation de certains caractères. Au lieu de poursuivre leur carrière pour parvenir plus avant, au lieu de se tenir debout si les circonstances les obligent à s'arrêter, ils s'assoient et demeurent immobiles, pliés en deux, ramassés sur eux-mêmes, au risque de se laisser engourdir par le froid ou de se faire écraser par la foule.

Ne serait-ce pas l'occasion de rappeler ici la fable du charretier embourbé, et le vieux proverbe populaire : « Aide-toi, le ciel t'aidera ! »

Les choses ont été ainsi ordonnées en ce monde, que tout y vaut mieux que de ne rien faire. L'oisiveté n'est pas seulement, comme on le dit, la mère de tous les vices, elle est encore le point de départ de toutes les catastrophes. Il faut bien se le persuader : dès que nous cessons de le dominer par l'emploi que nous en faisons, le temps lui-même travaille contre nous ; toutes nos facultés, toute notre destinée périclitent à la façon d'un instrument que l'abandon seul suffit pour perdre et pour gâter.

Les produits que le découragement refuse à la consommation sont bien peu de chose au prix des caractères qu'il dégrade et qu'il finit par anéantir.

Vous les rencontrez à chaque instant dans le monde, ces hommes auxquels l'appréhension de ne point réussir enlève le courage d'entreprendre. Toute leur âme finit par se consumer dans un mélange de paresse et de mélancolie.

La tristesse leur sert tantôt de prétexte et tantôt de raison.

Il en est qui débutent par cette désespérance et cette mauvaise humeur. Ce sont les caractères orgueilleux que nul succès ne saurait satisfaire et dont nul triomphe ne saurait rassasier l'amour propre. Peu à peu, à mesure que l'expérience leur fait apprécier plus exactement les chances heureuses ou malheureuses de la vie, ils finissent par échanger cette passion de réussir contre la terreur d'échouer, et pour ne pas se trouver en dessous de ce qu'ils souhaitent et de ce qui leur paraît digne d'eux, ils prennent le parti de l'immobilité pour eux-mêmes, en même temps que d'une véritable propagande de découragement à l'encontre des autres.

Je ne connais rien de plus triste et de plus nuisible pour une société que cette contagion, soit par l'exemple soit par le conseil. Ces natures, tout à la fois détendues dans leur volonté en même temps qu'irritables dans leurs sentiments, ne sauraient plus supporter autour d'elles ni aucune espérance, ni aucune activité. On dirait que le contraste augmente leur responsabilité; tout déploiement de courage leur semble un reproche et toute réussite d'autrui un remords.

On ne se figure pas le mal que répandent de pareils caractères, surtout vis-à-vis des inférieurs qui obéissent à leurs ordres ou des proches qui partagent leur vie.

La pauvre nature humaine est ainsi faite qu'elle a

besoin d'être soutenue ; elle se tient bien difficilement debout seule et sans secours. Il lui faut absolument sentir auprès d'elle quelque chose qui la côtoie, et sur quoi elle se figure au moins qu'elle pourrait prendre un appui.

Il y a plus, et c'est ici que se vérifie dans toute sa profondeur la parole si humaine du fabuliste : « On a souvent besoin d'un plus petit que soi. »

Les caractères les plus puissants, les intelligences les plus hautes en sont à mendier un consentement tacite ou seulement une parole d'espérance. Je ne m'étonne point du tout, comme le fait le satirique Saint-Simon, que le grand archevêque Fénelon tînt à obtenir jusqu'à l'approbation de son valet de chambre.

Il se passe ici, dans le monde moral, un phénomène qui a son analogue dans le monde physique, et malgré la différence des sujets, cette analogie est frappante.

N'avez-vous pas remarqué ce qui arrive lorsqu'une poutre, une planche, une échelle de haute dimension, repose sur le sol, debout sur son pied ?

Tant que l'équilibre se maintient, tant que le centre de gravité passe par la base de l'objet ou du moins ne s'en écarte presque pas, il suffit du moindre effort à une main attentive pour maintenir cet équilibre. Un enfant en vient à bout, pourvu qu'il prenne garde à prévenir toute inclinaison et à ne point se laisser ainsi gagner par l'aggravation de la pesanteur. Cette masse mobile, et en quelque sorte flottante dans l'espace, obéit à toutes les impulsions, et pour ainsi dire à la seule indication d'un redressement. Il suffit de l'effleurer pour la retenir comme aussi pour la précipiter, et le géant capable d'écraser cent fois le bras chétif qui le soutient y trouve cependant assez d'appui et de résistance pour le maintenir et pour prévenir sa propre chute.

Ne voilà-t-il pas l'image fidèle de la disposition morale à laquelle obéissent communément les âmes les plus fières et les mieux trempées ?

Elles ont beau se sentir fortes et vaillantes, elles ont beau disposer en elles-mêmes d'un fond inépuisable de ressources, de courage, d'intelligence, il leur faut encore, par un inexplicable souci, ce surcroît inutile et déraisonnable d'un conseil, d'un appui, d'une approbation sans valeur et sans portée. Il y a une grande morale dans cette humilité involontaire infligée ainsi, par le manque d'une résolution suffisante, aux natures les plus distinguées ou les plus superbes.

Par ce que nous venons de dire, on peut juger des influences délétères que répandent autour d'eux les caractères découragés.

Non-seulement ils refusent à tous ceux qui le sollicitent le secours de leur approbation ou tout au moins l'aumône de leur silence, mais ils ne résistent pas à la mauvaise action de jeter le trouble dans les autres âmes.

Les âmes fières et délicates, portées au scrupule dans les résolutions de leur vie, difficiles à satisfaire dans l'ordre de la vérité et du beau, éprises de l'idéal que tour à tour elles adorent comme une divinité ou redoutent comme un spectre, sont aussi faciles à abattre qu'à soutenir.

Il leur aurait suffi du plus léger signe de contentement, d'une inclination de tête, d'un sourire de satisfaction pour reprendre ou pour garder toute la confiance de leurs idées, tout l'enthousiasme de leurs projets, toute l'ardeur de leur initiative.

En revanche, il suffit aussi qu'un nuage, qu'un souffle passe devant leur soleil, pour que tout cet éclat pâlisse, pour qu'un froid subit les traverse, et qu'elles se sentent tout d'un coup énervées et anéanties.

Les caractères découragés et abattus ressemblent, dans le milieu social, à ces tempéraments affaiblis qui traînent languissamment les ruines de leur vie, incapables de tout ressort et de toute résurrection. Il arrive un point, où non-seulement leur existence va s'éteindre, mais où les approches de la mort et la consomption de la dernière heure donnent à leur contact un caractère contagieux. On respire le trépas auprès d'eux, et les natures les plus saines, les tempéramments les plus robustes gagnent dans ce voisinage funeste avec les germes de la corruption le commencement d'une maladie semblable.

C'est peut-être attendre beaucoup d'une âme épuisée et en quelque sorte finie, que d'en espérer un effort et de lui demander la vigueur morale qui pourrait encore la sauver. Au moins est-il permis de lui recommander et d'en attendre quelque réserve et quelque discrétion. Ils devraient bien cesser ce rôle pitoyable qu'ils arrivent à jouer ainsi dans les entreprises les plus excellentes de l'humanité. Ils ressemblent à cet esclave que la civilisation romaine payait pour insulter le triomphateur, lorsqu'au retour des combats et la tête couronnée de lauriers, il montait sur son char au Capitole. Le découragement pratiqué pour son propre compte entraîne, par une pente infaillible, au dénigrement d'autrui ; ces calomniateurs du courage ont à choisir entre le mépris de ceux qui résistent et les malédictions de ceux qui succombent à leur contagion.

Sans doute l'âme humaine ne saurait garder toujours l'heureux essor et la robuste confiance du premier âge. La naïveté qui se prolonge passe à bon droit pour de la faiblesse, et l'on répudie justement sous le nom d'illusions les espérances trop peu mûries que l'on avait d'abord caressées. Mais ce premier retour doit être pris comme une crise qu'on traverse et non point comme un état définitif auquel on puisse s'arrêter. Les choses de la vie ne dépendent point de la vivacité de nos désirs ; elles se proportionnent à la puissance de notre réflexion et à l'animation de notre courage.

Il faut donc se refaire, par la raison et le sang-froid, un second calme et une seconde tranquillité plus solides et plus inéb[illegible] a[illegible]es [illegible]e la solidité et le càlme de la première confiance. Il faut donner carrière à ses facultés, non pas comme autrefois, en les lançant à corps perdu dans la région chimérique des songes ou sur la pente aveugle des appétits, mais en leur traçant d'avance une direction, en leur appliquant une méthode, en leur apprenant la discipline qui ménage les forces et la persévérance qui les centuple.

On entendrait moins de gens se plaindre de leur destinée si chacun y apportait plus de bonne volonté. On gémit comme si tous les efforts avaient été trompés, et cependant on s'est laissé aller comme si on avait tout à attendre des hommes et rien de son courage.

Le bonheur cependant n'est point une chose du dehors, qui se distribue aux hommes comme aux champs le vent, le soleil et la pluie, c'est un sentiment intérieur que chacun se départit et se mesure à proportion de son courage et de ses efforts. On n'est jamais malheureux que de ses fautes, on n'est jamais heureux que de ses vertus.

CONCLUSION

La Mothe-Houdart examine compendieusement dans son *Traité de l'Apologue* si la morale de la fable doit être explicitement énoncée par l'écrivain, ou s'il suffit d'abandonner au lecteur le soin de la dégager du récit.

On pourrait s'adresser la même question en finissant cette étude.

Est-il bien nécessaire de marquer l'un après l'autre tous les endroits par où ces tristes réflexions s'appliquent à notre état présent, et n'avons-nous pas encore devant les yeux les spectacles mêmes qui ont inspiré ces pensées mélancoliques ?

J'estime qu'en fait de leçons morales, la meilleure et la plus sûre, la plus énergique et la plus salutaire est celle qu'on a le courage de s'adresser à soi-même, sans avoir à la débattre par amour-propre ou à l'affaiblir par sa résistance extérieure.

J'aime mieux terminer par une réflexion plus générale.

Lorsque Jésus s'assit chez les saintes femmes pour y prendre son repas, Marthe et Marie le servaient toutes deux. Mais tandis que Marie était assise à côté du Sauveur et s'occupait à le contempler, Marthe ne cessait d'aller et de venir, et Jésus lui fit entendre cette parole : « Marthe, Marthe, pourquoi es-tu ainsi dans l'inquiétude, et pourquoi cherches-tu tant de choses autour de toi? Il n'y a qu'une chose nécessaire et Marie a pris la meilleure part. »

Ceux qui renoncent à la conduite de leur existence et s'endorment dans leur inactivité, convaincus le plus souvent qu'à l'exemple de Marie ils ont aussi choisi la meilleure part, ne se font pas faute de regarder d'un œil dédaigneux les natures inférieures, suivant eux, qui n'ont point encore perdu le goût de la vie.

Ils me rappellent ces hypercritiques de la littérature qui se consument en sourires d'ironie et s'évaporent en exclamations méprisantes, sans jamais prendre la peine d'écrire ou courir la chance de prononcer un mot.

De même les impuissants, les découragés, les désespérés, tous ceux qui faiblissent ou succombent avant même d'avoir combattu, ne laissent pas de se dire avec un certain orgueil qu'ils ont pris aussi la meilleure part. La vie pratique ne paraît pas valoir, disent-ils, tant de soucis et tant de peines, et parce qu'ils se maintiennent en dehors de ce courant, ils s'imaginent être au-dessus. Ils prennent bénévolement en pitié cette activité, cette inquiétude, cet affaissement auxquels ils assistent, et il semble vite à leur vanité qu'ils habitent une sphère inaccessible, ouverte seulement aux âmes d'élite parmi lesquelles ils n'hésitent pas à se compter.

Ils sont encore bien loin de compte.

C'est une illusion de croire que l'activité contemplative et intérieure ne demande pas elle aussi de l'activité.

Parce qu'en toute occasion, ils s'écrient impitoyablement : « Ne bougeons pas, ne faisons rien, ne remuons pas, » ils se croient supérieurs à ceux qui agissent. Ils s'enorgueillissent d'avoir, eux, l'avantage de ne point faillir, sans prendre garde que leur impeccabilité est une suite de leur néant.

Il ne leur est permis de renoncer à cette agitation et à ce mouvement extérieur qu'à une seule condition, c'est qu'à défaut des travaux de la main, ils s'emploieront aux œuvres de la pensée.

Cette activité-là n'est pas moins intense ni moins féconde que l'activité du dehors.

Nous avions jadis parmi nous une race d'esprits qui sont en train de disparaître, de la même façon qu'on voit disparaître de ce globe, même depuis les âges historiques, un certain nombre d'espèces du règne animal.

Jadis il ne manquait point d'hommes qui travaillaient silencieusement à leur propre supériorité : ils prenaient soin, comme on le disait alors dans un langage qui nous fait aujourd'hui sourire, ils prenaient soin d'*orner* leur esprit. On tenait à honneur, lorsqu'on était dispensé par la naissance et la fortune d'un travail trop prochain du salaire et trop étroitement calculé, de mettre à profit ce loisir, cette aisance, cette libre disposition de soi-même.

Ce n'est pas qu'aujourd'hui encore, il n'y ait des gens pour s'instruire et pour étudier. On ne refuse pas d'apprendre ce qu'on a besoin de savoir et ce qu'on pense devoir utiliser. On y met au contraire un empressement qui va jusqu'à la hâte, une impatience, un esprit d'exclusion qui compte les minutes et refuse à tout le reste même un instant et même un coup d'œil.

Ce qui caractérisait précisément l'ancienne culture de l'âme, c'était le désintéressement des résultats futurs. On agissait dans l'ordre moral, si l'on veut me passer la trivialité de cette comparaison, comme un homme bien élevé qui se lave les mains pour lui-même et sans savoir bien au juste s'il aura l'occasion de les montrer.

De même, tout homme qui se respecte devrait tenir à cœur d'avoir, sur les grands sujets qui préoccupent l'humanité, au moins quelques indications à défaut de systèmes ; il ne devrait point demeurer étranger à toute relation avec la famille des grands hommes, ni renoncer à prendre par l'étude et la réflexion sa part d'idées dans l'enseignement du génie, c'est-à-dire dans le meilleur patrimoine du genre humain.

C'est ainsi que les peuples peuvent avoir à leur disposition des hommes vraiment forts : ce sont ceux qui sont en effet capables de tout, ne dût-on jamais leur demander rien.

Je ne veux médire de personne, ni, au point de vue humain, condamner absolument l'activité domestique de Marthe au profit de l'ardeur contemplative de Marie.

Toutefois il faut bien reconnaître que l'activité extérieure demande elle-même un motif qui l'explique, un but qui la soutienne, un sentiment qui la passionne, autrement elle ressemblerait à ces agitations fortuites de la nature, à ces tressaillements des arbres dans les forêts, lesquels se déplacent par un mouvement infatigable et inutile jusqu'au moment où ils retombent dans leur immobilité.

Le dernier mot de la destinée humaine n'est donc en définitive ni dans les actes mécaniques et instinctifs dont l'habitude et la nature la remplissent, ni dans cette jouissance égoïste de soi-même à laquelle l'inertie se réduit, ni enfin dans cette immobilité orgueilleuse ou désespérée dans laquelle la révolte du découragement se complaît.

Le monde entier suit sans s'en écarter la loi que la Providence lui a tracée, et cette loi suffit pour expliquer à la fois, par rapport à chaque être, l'origine de son existence comme l'épanouissement de sa fin. La planète ne s'arrête point dans son orbite, et la planète ne refuse point son fruit par un caprice.

Tout se commence, tout se poursuit, tout s'achève, sous l'empire souverain de l'ordre universel.

L'homme seul naît inachevé.

A lui seul incombe la tâche privilégiée et prodigieuse d'achever un être.

Il travaille ainsi à l'accomplissement de sa personne de la même façon et par les mêmes efforts, qu'au progrès des civilisations.

Cette seconde création de nous-mêmes s'accomplit par l'initiative de notre propre volonté et dans la mesure de notre courage.

Nous travaillons ainsi, sans le savoir, à une œuvre plus belle et plus grandiose que les drames des poëtes, les discours des orateurs, les chefs-d'œuvre des artistes.

C'est le poëme de l'âme intérieure qui s'accomplit, et toute la vie du dehors n'en est que le rayonnement et le reflet.

Il ne faut donc point laisser s'éteindre en nous la flamme sans laquelle l'ombre de la mort jetterait sur nous son invincible obscurité.

Le découragement est un amoindrissement de la vie, et comme il diminue les individus, il atteste ou il cause tour à tour la chute et l'anéantissement des nations.

FIN

TABLE DES MATIÈRES

CHAPITRE PREMIER

Pourquoi et comment il faut réfléchir.

CHAPITRE SECOND

Que le découragement fait aujourd'hui le fond du caractère français.

CHAPITRE TROISIÈME

Les conséquences du découragement

FIN DE LA TABLE

LYON. — IMPRIMERIE PITRAT AINÉ, RUE GENTIL, 4.

www.ingramcontent.com/pod-product-compliance
Ingram Content Group UK Ltd.
Pitfield, Milton Keynes, MK11 3LW, UK
UKHW012239240726
13966UKWH00003B/1172